Éduquer son **chaton**

Une méthode facile pour vivre en harmonie avec son chaton

David Taylor

marabout

Dédicace

À Sue Driscoll et à ses cinq *muchachos negros* à poil court de Majorque

Publié pour la première fois en Grande-Bretagne en 2009 sous le titre ***Hamlyn All Colour Petcare: Kitten Taming*** par Hamlyn, un éditeur de Octopus Publishing Group Ltd.
Endeavour House, 189 Shaftesbury Avenue, London WC2H 8JY
www.octopusbooks.co.uk

Traduction et adaptation : Virginie Thémans, docteur vétérinaire
Édition et mise en page : Philippe Brunet

Dépôt légal : mars 2012
4103321 / 01
ISBN : 978-2-501-07586-2
Imprimé en Espagne par Cayfosa

Note : À l'exception des informations spécifiques aux mâles ou aux femelles, le masculin sera utilisé pour parler des chats et des chatons, et pour les informations et conseils destinés aux deux sexes.

Les conseils donnés dans ce livre ne sont fournis qu'à titre d'information. Ils ne s'appliquent pas nécessairement à chaque situation rencontrée et ne peuvent se substituer aux conseils et recommandations de votre vétérinaire. L'éditeur décline toute responsabilité en cas de problème découlant de la mise en pratique des informations contenues dans ce livre. La réalisation de ce livre n'a été accompagnée d'aucune maltraitance envers les chats.

Sommaire

Introduction **6**

Votre chat est étonnant **8**

L'arrivée de votre chaton **24**

L'entretien du chaton **44**

Votre chat et vous **60**

Problèmes liés à la croissance **76**

Tant de choses à apprendre **88**

Comportements à problème **112**

Les soins **156**

Et surtout, n'oubliez pas... **180**

Index **188**

Remerciements **192**

Introduction

Vous venez d'acquérir un chaton ou envisagez de le faire dans un avenir proche ? Félicitations ! Jamais vous ne trouverez de compagnon plus intéressant, amusant et attrayant que le chat.

Ce nouveau venu vous révélera bientôt tout ce dont il est capable, ainsi que les nombreuses facettes de sa personnalité. Vous devrez toutefois éduquer correctement votre chaton. En effet, l'instinct de prédateur qui sommeille en chaque chat depuis la nuit des temps doit être maîtrisé ; les informations contenues dans ce livre vous aideront à jouer un rôle essentiel dans cette démarche.

Quand vous serez en mesure de comprendre comment raisonne votre chaton et ce qui le motive, vous pourrez faire pour lui bien plus que remplir un bol de nourriture et ouvrir la porte du jardin lorsqu'il veut sortir : le chaton sera heureux, satisfait et libre de tout stress. La joie d'accueillir un nouveau membre au sein de votre famille n'en sera que plus grande et durable.

Éduquer son **chaton**

Votre chat est étonnant

Les origines du chat

Quand l'hérédité s'exprime

Depuis sa domestication, il y a des milliers d'années, le chat est devenu à la fois un fidèle compagnon de l'homme et un excellent destructeur d'animaux nuisibles. L'actuel ou futur propriétaire de chat ne doit pas oublier qu'il descend d'une lignée de redoutables prédateurs.

Les ancêtres du chat

La petite boule de poils actuellement couchée sur vos genoux appartient en fait à une famille de prédateurs dont les origines peuvent être retracées jusqu'à cinq chattes vivant au Proche-Orient il y a quelque 130 000 ans. Votre chat a également un cousin sauvage, génétiquement identique à lui : le chat sauvage d'Afrique, encore rencontré dans l'ensemble du continent africain.

La preuve la plus récente de la domestication du chat consiste en un chat enterré aux côtés d'un humain dans une tombe vieille de 9 500 ans découverte à Chypre, mais cette domestication a commencé il y a environ 12 000 ans, quand les peuples chasseurs nomades se sont transformés en fermiers sédentaires. Qui dit ferme, dit cultures et, bien entendu, réserves de grains ! De petits chats sauvages n'ont pas tardé à quitter les campagnes pour venir chasser les rats et les souris attirés par le grain. L'homme s'est vite aperçu qu'il était très avantageux de bénéficier des services d'un chasseur de rongeurs si efficace.

Il y a près de 6 000 ans, le chat a accédé à un statut de loin supérieur quand, dans le pays le plus important du Moyen-Orient à cette époque, les Égyptiens l'ont vénéré comme la représentation semi-divine de Râ, le dieu-soleil, et de Bast, la déesse de la fertilité.

Aujourd'hui encore, dans le monde entier, des millions de gens (y compris vous et moi, sans doute) continuent à adorer les chats à leur manière !

Les races de chat

À force de sélections et de croisements effectués entre des individus appartenant aux lignées de chats domestiques communs, vieilles de plusieurs millénaires, les amoureux des chats ont développé les nombreuses races de chats existant actuellement.

Des expositions félines ont eu lieu en Angleterre dès le XVIe siècle, mais l'élevage de chats à des fins d'exposition n'est réellement apparu qu'à la fin du XIXe siècle. Une grande exposition de chats Persans et British Shorthair s'est tenue au Crystal Palace de Londres en 1871, tandis qu'en 1896 se déroulait la première exposition féline internationale française au Jardin d'acclimatation de Paris.

Le chaton et son corps fascinant

Particularités anatomiques

Sans ressembler à un tigre ou un léopard, votre chaton possède tout de même bon nombre de caractéristiques communes avec eux. À l'intérieur de ce chat menant une vie tranquille au sein de votre famille se cache toujours un prédateur presque essentiellement carnivore, au corps adapté à la vie sauvage.

Ses dents

Les dents du chat sont une réplique en miniature de celles du lion, et l'espace existant entre ses crocs (les canines) lui permet de planter précisément ses dents entre deux vertèbres cervicales adjacentes de sa proie favorite, et donc de lui briser la nuque. Les crocs du lion ont l'espacement qui convient pour tuer un gnou ou un zèbre, tandis que les dents de votre chaton sont idéalement positionnées pour croquer une souris. La forme des dents latérales et postérieures du chat est idéale pour couper la viande, mais la mastication de type broyage est impossible.

Ses yeux

On dit souvent que le chat est capable de voir dans le

noir alors qu'en réalité, il ne voit rien si l'obscurité est totale. Si sa vision nocturne est de loin supérieure à la nôtre, c'est en grande partie grâce au tapis de cellules réfléchissantes, situé derrière leur rétine, qui agit à la manière d'un miroir. De plus, la cornée, la pupille et le cristallin sont comparativement beaucoup plus grands que chez nous. C'est le tapis réfléchissant qui est responsable des reflets verts ou dorés des yeux du chat pendant la nuit.

Ses moustaches

Les moustaches du chat sont le prolongement de son sens du toucher, car elles constituent autant de petites antennes ultra-sensibles. Certains scientifiques pensent que le chat est capable d'orienter ses moustaches vers le bas pour mieux repérer son chemin au cours de ses déplacements nocturnes.

Ses pattes

Si vous examinez attentivement les pattes de votre chaton, vous verrez qu'un coussinet placé plus haut et en arrière des autres n'est pas en contact avec le sol. Personne ne sait exactement à quoi il sert puisqu'il n'absorbe pas les chocs comme les autres coussinets lorsque le chat se déplace, mais certains croient que le chat l'utilise comme antidérapant quand il se réceptionne après un saut.

Tout un univers sensoriel

Les cinq sens

Grâce à ses sens très développés, votre chaton est parfaitement équipé pour partir à la découverte du monde.

Sa vue

Avec leur capacité à voir dans la pénombre, les yeux du chat représentent un atout pour ce chasseur (voir page 12). Il jouit d'une vision binoculaire plus performante que celle du chien, avantage important pour les prédateurs qui doivent pouvoir estimer à quelle distance se situe leur proie. Le chat distingue les couleurs, sans y accorder beaucoup d'importance.

Son ouïe

En plus d'entendre les sons à haute fréquence nettement mieux que l'homme, le chat est capable d'identifier la provenance des sons aussi bien que ce dernier.

Son odorat

L'odorat du chat est bien plus développé que le nôtre. Ses cavités nasales sont tapis-

sées d'environ 19 millions de terminaisons nerveuses olfactives, alors que notre nez en contient à peine 5 millions. Le chat possède en outre un curieux petit organe, l'organe de Jacobson, situé au niveau du palais, qui lui permet de reconnaître en particulier les odeurs à caractère sexuel. Si vous voyez votre chat froncer le nez et faire une étrange grimace, appelée « Flehmen », c'est qu'il est en train d'utiliser son organe de Jacobson. Ce comportement est particulièrement fréquent lorsque le chat renifle une touffe d'« herbe à chat » ou des traces d'urine laissées par un congénère.

Son goût

Le chat est autrement plus difficile sur la nourriture que le chien (voir pages 54-55). Son sens du goût est très développé grâce aux bourgeons gustatifs présents sur la langue. Jusqu'il y a peu, on croyait que le chat n'avait que peu ou pas de papilles destinées à la reconnaissance du goût sucré ; à présent, nous savons que ces papilles existent et que leur nombre est en augmentation depuis que le chat cohabite avec l'homme, et reçoit inévitablement certaines friandises sucrées.

Son toucher

Le sens du toucher compte également beaucoup pour le chat, ce que vous constaterez aisément en le regardant se frotter voluptueusement contre les gens, les autres animaux et les objets. Le chaton nouveau-né, sourd, aveugle et dépourvu d'odorat, ne peut compter que sur son excellent sens du toucher pour reconnaître les vibrations produites par le ronronnement de sa mère qui l'appelle pour l'allaiter.

Neuf vies ?

Attention à l'atterrissage !

On dit souvent que le chat a neuf vies. Les origines de cette étrange croyance sont probablement à rechercher dans le climat de mystère et d'occultisme qui accompagne le chat depuis la nuit des temps.

La souplesse et les aptitudes physiques du chat l'aident à sortir indemne de nombreuses situations périlleuses. Votre chaton a donc de bonnes chances de pouvoir mener une longue et heureuse existence. L'espérance de vie du chat domestique est d'environ 15 ans, mais beaucoup dépassent cet âge et atteignent parfois même l'âge de 20 ans.

L'équilibre

Grâce à son excellent sens de l'équilibre, le chat peut éviter bon nombre de mésaventures. Cet incroyable funambule est capable de se promener sur une étroite branche d'arbre ou au sommet de la clôture du jardin. Ses yeux, son oreille interne et son cerveau traitent les informations et les signaux reçus en permanence. Regardez comment votre chat utilise sa queue pour garder l'équilibre : il s'en sert comme d'un balancier, exactement comme un équilibriste humain et sa perche ; les chats appartenant aux races dépourvues de queue, tel le Manx, s'en sortent pourtant apparemment tout aussi bien.

Les chutes

Les yeux, les oreilles et le cerveau travaillent également de concert lorsque le chat fait une chute. Ensemble, ces organes calculent la position du corps du chat qui tombe et la corrigent afin d'aligner très rapidement la tête, suivie du tronc puis des pattes, et de permettre un atterrissage en douceur.

Un chat qui tombe de très haut est souvent moins gravement blessé que s'il chute d'une plus faible hauteur. Lorsqu'il tombe d'une fenêtre, la gravité de ses blessures augmente en fonction de l'étage duquel il chute, pour se stabiliser vers le septième étage. Au-delà, la gravité des blessures décroît peu à peu.

Cela s'explique par la vitesse atteinte par le chat qui, après une chute d'environ cinq étages, atteint son niveau maximal puis demeure constante. Le mécanisme de l'oreille interne, ne percevant dès lors plus d'accélération, se met au repos. Le chat se détend, étend ses membres comme un parachutiste en chute libre et stabilise sa descente. Cette relaxation permet ainsi de diminuer le risque de fractures par comparaison à ce qui se passe quand le corps est tendu.

Le chemin de la maison

Un sens de l'orientation remarquable

S'il s'égare, le chat peut compter sur son étonnante capacité à retrouver le chemin de la maison. Il existe de nombreux récits de chats ayant réussi à retourner à leur ancien domicile après le déménagement de leur famille.

Les médias regorgent d'histoires de chats ayant parcouru de grandes distances pour retourner auprès de la famille qu'ils aimaient tant. Le record du genre appartient probablement à ce chat qui a fait plus de 2 250 km pour aller de Californie en Oklahoma.

Un GPS intégré

On pense que, lors d'un grand voyage de ce type, le chat a recours à la navigation astronomique. Chaque fois qu'il s'assied dans votre jardin, votre chat enregistre inconsciemment la position du soleil dans le ciel. Il est probablement capable d'en faire autant avec les étoiles pendant la nuit. Tout comme l'homme et bien d'autres animaux, y compris les cafards, le chat peut se fier à son horloge interne et peut-être même aux particules magnétiques permettant à certaines cellules nerveuses de fonctionner comme une boussole.

Si le chat est loin de chez lui, il remarque que la position du soleil est différente à une heure donnée et, impatient de retrouver ses maîtres et sa maison, il se met en route. Quand il avance dans une direction, il se rend compte que l'angle formé par le soleil diffère de celui existant quand il est à la maison. Il change alors de direction jusqu'à ce que cet angle s'améliore. De cette manière, à force d'essais, un chat intelligent trouve le cap à suivre et poursuit sa route, en corrigeant sa trajectoire si nécessaire. Dès qu'il approche de la maison et que le soleil est à nouveau « à la bonne place », le chat rentre chez lui en se basant sur les bruits et les détails familiers.

Les déménagements

Ce système de guidage ne fonctionne pas quand, pour une raison ou une autre, un chat est abandonné lors du déménagement de sa famille. Il lui est impossible de découvrir où se situe le nouveau domicile de ses maîtres. On peut donc difficilement expliquer comment le fidèle chat du comte de Southampton, patron de William Shakespeare, a pu retrouver son maître emprisonné dans la Tour de Londres, et le rejoindre en passant par un conduit de cheminée. Il s'agissait peut-être d'une illustration du sixième sens félin.

À quoi pense-t-il donc ?

Réflexions félines

À quoi pense donc votre chaton lorsqu'il regarde au-dehors, assis sur le rebord de la fenêtre ? Se demande-t-il quelle boîte de nourriture vous lui proposerez ce midi ? Songe-t-il au gros matou du voisin ? Où se dit-il qu'il est bientôt temps de se diriger vers la chambre à la recherche d'un lit douillet ?

Le chat ne passe pas de temps à réfléchir au passé ou à se projeter dans le futur. Pour cette raison, son propriétaire ne doit jamais le punir pour un acte commis un moment auparavant, car le chat ne comprendrait pas. En revanche, le chat excelle quand il s'agit de recueillir des informations, de les stocker, puis de les utiliser pour résoudre des problèmes. Sa mémoire à court terme garde les données pendant 16 heures environ, alors que celle du chien n'est que de 5 minutes. Certains scientifiques croient que l'habile gestion des informations reçues par ses sens fait du chat le plus intelligent de tous les animaux domestiques, et s'apparente à l'intelligence d'un enfant de deux ou trois ans.

Ici et maintenant

Comme l'homme, le chat apprend par l'observation, l'imitation et l'approche par essais et erreurs ; une information directement expérimentée est toutefois plus facilement stockée dans sa mémoire à long terme qu'une simple observation.

Votre chat ne se languit pas de vous quand vous le mettez en pension pendant les vacances. Il ne passe pas son temps à se morfondre en se demandant où vous êtes et pourquoi il est enfermé là. Il vit dans l'instant présent, et ne se préoccupe que de la nourriture, du personnel et des choses à examiner, écouter et renifler dans son nouvel environnement. Il réagit à tout cela plutôt que de rêvasser.

Bien entendu, cela ne l'empêche heureusement pas de se souvenir de vous et de vous faire la fête quand vous venez le récupérer à votre retour.

De la magie ?

Depuis la nuit des temps, le chat est associé aux phénomènes surnaturels et, aujourd'hui encore, certains lui attribuent d'étranges pouvoirs. D'aucuns prétendent qu'il peut prévoir les éruptions volcaniques, les tremblements de terre et, dans la vie de tous les jours, le moment où ses maîtres vont rentrer du travail. Sa profonde sensibilité aux sons et aux vibrations explique certainement qu'il soit capable de prédire certaines catastrophes, et puisse aussi reconnaître de très loin le bruit du moteur de la voiture de son propriétaire. Il n'est toutefois pas exclu que le chat ait des pouvoirs télépathiques.

Une intelligence aiguisée

Un génie en forme de chat

Beaucoup de gens prétendent que le chien est plus intelligent que le chat. En fait, ils s'appuient uniquement sur le fait que le chien est plus facile à éduquer et répond mieux aux instructions données par son maître.

Les amoureux des chats savent qu'il n'en est rien. Le chat peut bien entendu être éduqué (voir pages 88-111), mais cela ne constitue pas forcément une preuve d'intelligence. De nombreux biologistes considèrent que le chat est très intelligent, notamment parce qu'au fil des siècles, il a su s'adapter constamment à la cohabitation avec l'homme, mais aussi parce qu'il est capable de gérer seul les situations qu'il rencontre, au lieu de s'appuyer sur des ordres donnés par un tiers. Il est assez logique de retrouver ces caractéristiques chez un animal qui chasse souvent en solitaire, en ne pouvant compter que sur son physique d'athlète et ses sens si développés.

Mesure de l'intelligence

Les résultats obtenus par ceux qui souhaitent décider qui, du chat ou du chien, est le plus intelligent, dépendent surtout de la méthode choisie. Ce genre de recherches est sujet à controverse, même entre les scientifiques étudiant plusieurs groupes d'individus au sein d'une même espèce, telle que l'*Homo sapiens*. Il n'existe en effet pas de règle objective.

L'une des méthodes contestées ayant permis de comparer l'intelligence des espèces les unes par rapport aux autres consiste à peser le cerveau et à mesurer la longueur de la moelle épinière. On peut ainsi calculer quelle proportion de tissu cérébral contrôle le corps. Certains scientifiques affirment que plus cette proportion s'accroît, plus l'animal est intelligent.

Ce genre de calcul attribue un rapport de 50:1 à l'être humain, de 18:1 au ouistiti, de 9:1 à 7:1 au chien selon sa race, et de 4:1 au chat.

Ceux qui critiquent cette manière de comparer les espèces prétendent que l'intelligence ne dépend pas uniquement de l'anatomie et qu'elle est, par essence, impossible à quantifier. C'est aussi mon avis et celui, j'en suis persuadé, des autres amoureux des chats.

En faisant des recherches sur Internet, vous pouvez trouver des listes de races de chat

dont l'intelligence moyenne a reçu une note de 1 à 10, 10 signifiant que le chat est très intelligent. D'après l'une de ces listes, le chat le plus malin est le chat nu, appelé Sphinx, les moins futés étant les chats himalayens et les Exotic Shorthair (j'ai pourtant connu des chats d'une intelligence exceptionnelle parmi ces deux races). Rien ne permet de savoir sur quelles conclusions se basent ces listes non scientifiques, c'est pourquoi il convient de ne pas leur attribuer trop d'importance. Sans avoir besoin d'aucune liste, vous savez très bien que votre chat est intelligent !

L'arrivée de votre chaton

Les préparatifs

Il faut penser à tout

Pour que tout se passe bien une fois le grand jour arrivé, faites attention à ne rien oublier. N'attendez pas la dernière minute pour acheter tout ce dont votre chaton aura besoin.

À l'intérieur

En premier lieu, vous devez vous procurer une cage de transport afin de pouvoir ramener votre chaton à la maison en toute sécurité (voir page 158).

Ensuite, il faut choisir un panier pour chat parmi les différents modèles existant sur le marché (voir page 159). Installez-le dans un endroit calme, à l'écart des principaux lieux de passage. Après avoir exploré son nouvel envi-

ronnement, votre chaton décidera peut-être malgré tout d'aller dormir ailleurs. Les chats sont comme ça !

Votre chaton aura aussi besoin d'un bac à litière (voir pages 94-95). Vous mettrez ce bac à un endroit où le chat pourra aller tranquillement s'isoler à l'abri des regards indiscrets quand il le souhaite.

Sur la liste des choses indispensables figurent également des gamelles pour l'eau et la nourriture, qui doivent pouvoir se nettoyer facilement, indépendamment de la vaisselle familiale. Il vous faut de plus un matériel de toilettage adapté (voir pages 46-47), et éventuellement un collier et un médaillon d'identification, même si votre chaton est muni d'une puce électronique.

Envisagez déjà l'achat d'une planche, d'un tapis ou d'une pyramide de grattage où le chat pourra faire ses griffes, ainsi qu'un arbre à chat, où le chaton pourra aller se réfugier pendant sa période d'adaptation à sa nouvelle maison. N'oubliez pas non plus de vous procurer quelques jouets pour chat.

Si vous prévoyez de laisser votre chaton sortir de la maison quand il sera plus grand et en ordre de vaccination, pensez à faire installer une chatière dans une porte, une fenêtre ou un mur. Vous devrez ensuite apprendre à votre chaton à l'utiliser (voir page 102).

La sécurité avant tout

Faites le tour de votre maison pour vous assurer que le chaton y sera en sécurité, et réfléchissez aux points suivants :

- L'âtre est-il protégé par un pare-feu ?
- Les objets de valeurs et les bibelots sont-ils hors de portée d'un chaton agile et curieux, qui risque de grimper sur les meubles ?
- Certaines plantes d'intérieur ou d'extérieur sont-elles dangereuses ou toxiques pour le chat (voir pages 128-129) ?
- Avez-vous réussi à dissimuler tous les fils électriques ? Sinon, n'oubliez pas de débrancher les appareils inutilisés.
- Les plaques de cuisson sont-elles entourées ou recouvertes d'une plaque de protection ?
- L'accès aux poubelles a-t-il été rendu impossible ?

Pensez à mettre les ustensiles dangereux, les objets de petite taille et les sacs en plastique hors de portée de votre chaton. Fermez systématiquement la porte du four, le réfrigérateur, le congélateur, le lave-vaisselle et le lave-linge pour éviter que le chat ne s'y faufile et y reste enfermé.

Le voilà !

Le grand jour est arrivé

Aujourd'hui, votre famille va accueillir un nouveau membre. Vous attendiez ce jour avec impatience, en songeant déjà à tous les bons moments que vous allez bientôt pouvoir passer avec votre chaton.

Si possible, demandez à quelqu'un de vous accompagner pour aller chercher le chaton : l'un de vous conduira la voiture pendant que l'autre tiendra la caisse de transport sur ses genoux. Vous pouvez utiliser soit une cage en plastique, soit un ancien modèle en osier, soit une boîte de transport en carton renforcé (voir page 158). Placez des journaux ou une vieille serviette dans le fond de la caisse.

Premières impressions

Si vous rencontrez votre chaton pour la première fois, par exemple parce qu'il vient d'un refuge, pensez à vérifier les points suivants avant de fourrer cette petite chose apeurée dans une cage et de rentrer à la maison :

- Examinez le chaton sous toutes les coutures et voyez si tout est normal.
- Le chaton est-il vif et alerte ?
- Ses yeux et ses oreilles sont-ils propres ?
- A-t-il le poil brillant, sans blessure ni zone dépilée ?

Soulevez la queue du chaton et vérifiez s'il n'a pas la diarrhée. Interrogez l'éleveur en cas de doute. N'hésitez pas à passer chez votre vétérinaire sur le chemin du retour. Même si le chaton vous paraît en pleine forme, il est plus que conseillé de le faire examiner au cours des premiers jours qui suivent son arrivée.

Si le chaton a déjà été vacciné, l'éleveur doit vous remettre un carnet de santé. S'il s'agit d'un chat de race, vous devez également recevoir les documents relatifs au pedigree.

Pensez à demander à quel type de nourriture le chaton a été habitué et, si possible, rapportez-en un peu chez vous.

Le départ

Ça y est, vous êtes prêt ! Saisissez le chaton tout en soutenant son derrière avec votre main et mettez-le dans la caisse de transport. Fermez vite la porte et verrouillez-la soigneusement.

Bienvenue à la maison !

Votre chaton découvre son nouveau domaine

Une fois le chaton arrivé à la maison, il faudra le présenter à ses autres occupants. Un jeune chat s'adapte plus facilement à un nouvel environnement qu'un chat adulte, mais attention, ne brûlez pas les étapes !

Les humains d'abord

Pendant au moins 24 heures, isolez votre chaton dans une pièce tranquille, avec son bac à litière, de l'eau et de la nourriture appétissante. Veillez à ce qu'il ne puisse pas s'échapper, et ne laissez aucun autre animal domestique entrer dans la pièce.

Rendez fréquemment visite à votre chaton, cajolez-le, mais attendez qu'il soit bien habitué à vous pour lui présenter les autres membres de la famille. Quand le moment sera venu, demandez à votre famille de laisser le chaton s'approcher de sa propre initiative. Évitez l'excitation et les cris, et ne prenez pas sans cesse le chat dans vos bras dans un premier temps. Observez-le, parlez-lui et proposez-lui des jeux simples. Laissez-le découvrir certains de ses nouveaux jouets, une balle ou un bout de ficelle, et encouragez-le, à grand renfort de friandises et de cajoleries, à vous faire confiance et à venir près de vous.

Surveillez les jeunes enfants lors de leur première rencontre avec le chaton, pour éviter tout incident et toute blessure en cas de geste brusque.

Les autres animaux

Après avoir isolé le chaton pendant un jour ou deux, vous pouvez le présenter à vos autres animaux. Asseyez-vous et tenez le chaton dans votre bras, puis demandez à un membre de votre famille de laisser entrer les animaux. Surveillez attentivement comment les choses se passent, et gardez des friandises à portée de main pour encourager chaque bon comportement. Pour que l'accueil d'un nouvel arrivant se passe en douceur, il faut toujours récompenser généreusement, et éviter toute forme de punition.

Si vous possédez d'autres chats, sachez qu'ils risquent de faire preuve d'une certaine agressivité envers le nouveau venu pendant plusieurs jours, sinon plusieurs semaines. Essayez de donner équitablement de l'affection à chacun.

Les premières rencontres entre les animaux ne doivent pas durer trop longtemps. Si votre chien est particulièrement exubérant, distrayez-le avec des friandises puis éloignez-le du chaton. Si le chien est agressif, muselez-le et, à force de récompenses, habituez-le progressivement à se comporter correctement.

Prévention des conflits entre chien et chat

La liste des points importants

Introduire un chaton dans une famille où vit déjà un chien présente certains risques, car la rencontre entre ces ennemis légendaires est souvent source de stress pour chacun des protagonistes. Faites donc particulièrement attention à ce qui suit.

- Ne brusquez pas les choses. Il faut souvent plusieurs semaines, sinon plusieurs mois, avant que les animaux apprennent à se tolérer et que s'installe une relative harmonie.
- Veillez à ce qu'à tout moment, votre chat puisse s'enfuir ou se réfugier quelque part au besoin. Dans les premiers temps, n'hésitez pas à attribuer au chien et au chat des territoires distincts, en gardant certaines portes closes et en ne permettant pas aux animaux de les franchir sans surveillance.
- Placez la gamelle de votre chat hors de la portée du chien. Le chat aimant être en hauteur, il appréciera probablement de manger perché sur un rebord de fenêtre ou un plan de travail.
- Pensez à mettre le bac à litière à un endroit où le chien ne peut pas déranger votre chaton lorsqu'il va faire ses besoins.
- Isolez votre chien au moment des repas. De cette manière, le chaton ne risque pas d'aller lui voler de la nourriture. La nourriture pour chien ne convient d'ailleurs pas au chat.
- Fermez la chatière aussi longtemps que votre chat et votre chien n'ont pas trouvé de terrain d'entente. Vous éviterez ainsi que le chaton ne s'enfuie hors de la maison, peut-être pour de bon !
- Gardez le chat et le chien dans des pièces séparées quand vous les laissez seuls à la maison.
- Pendant tout le temps que durera cette phase d'adaptation, équipez votre chien d'un collier et d'une laisse, même à l'intérieur de la maison, afin de pouvoir facilement l'attraper et le maîtriser au cas où il se précipiterait sur le chaton.

Un chat dans la famille

À quoi pouvez-vous vous attendre

L'étonnement et le rire sont au rendez-vous quand une famille découvre que, lorsqu'il s'agit de s'amuser, le chat a plus d'un tour dans son sac.

En observant votre chaton explorer son nouvel environnement, vous avez l'impression de participer à un safari et d'étudier le comportement d'un léopard ou d'un guépard. Même s'il n'a pas besoin de chasser pour manger, puisque vous vous en occupez à sa place, le chaton reste un petit félin parfois plein de nostalgie quand il songe à la vie sauvage. Ses instincts de chasseur vont alors s'exprimer au travers du jeu.

De bons moments

Quel bonheur de voir le chaton traquer, guetter puis attaquer une proie aussi simple qu'une balle de ping-pong, une pelote de ficelle ou un simple bout de papier ! Vous ne savez jamais à quoi vous attendre avec lui : tout à coup, il fait le dos rond, marche en crabe et bondit ! Parfois, il se lance dans une folle course-poursuite, juste pour le plaisir.

Et puis, il aime l'escalade. Il se précipite dans les escaliers avec aisance, ou fait l'ascension de vos étagères, quitte à en faire parfois tomber quelques livres. Enfin, il y a les rideaux. Le chaton qui se hisse au sommet des tentures de votre salon n'a rien à envier à l'alpiniste qui progresse le long d'une paroi abrupte. Votre chat aimerait d'ailleurs que vous achetiez des rideaux taillés dans un tissu plus grossier et épais, qu'il pourrait escalader plus facilement.

Faire connaissance

Votre chat observe attentivement tout ce qui se passe dans la maison. Personne ne lui a dit que la curiosité était un vilain défaut. Alors, il veut toujours aller au fond des choses, qu'il s'agisse d'une boîte en carton, d'un tiroir ouvert ou d'un sac en papier. Ne soyez pas surpris de le retrouver profondément endormi, roulé en boule à l'intérieur.

Plus vous apprenez à connaître votre chaton, plus vous constatez qu'il vous manifeste son affection par l'intermédiaire de sa voix et de son langage corporel, notamment en se frottant contre vous.

Il a tendance à tourner sans cesse autour de vous aussi longtemps qu'il n'est pas parfaitement habitué à la maison. Ne lui en veuillez pas et, au contraire, réjouissez-vous quand il célèbre votre retour en se précipitant sur vous avec force ronrons, miaulements et autres démonstrations d'amitié.

Sa première nuit chez vous

Voici l'endroit où tu vas dormir

Ne soyez pas étonné si cette jolie petite boule de fourrure surmontée de deux yeux brillants ne se sent pas très sûre d'elle en découvrant son nouvel environnement pour la première fois.

Même si vous avez tout préparé en vue de son arrivée (voir pages 26-27) et prévu de ne le présenter à votre famille qu'après environ 24 heures (voir pages 30-31), la première nuit du chaton dans une maison étrangère risque d'être aussi pénible pour lui que pour vous.

Installation

Montrez à votre chaton où se trouvent ses gamelles et proposez-lui un peu de nourriture appétissante. Ensuite, conduisez-le à son bac à litière et laissez-lui le temps de l'examiner. Commencez aussitôt à lui apprendre la propreté (voir pages 94-95). Enfin, dirigez-le vers son panier. Assurez-vous qu'il soit placé dans un endroit calme, loin des allées et venues de la famille.

Ne câlinez pas sans arrêt le chaton. Attendez plutôt qu'il vienne vers vous pour le prendre et le caresser.

Permettez-lui de se déplacer librement. Laissez-le explorer les alentours sous votre surveillance, tandis que vous vous adressez à lui d'une voix douce et rassurante. Il risque fort de paraître inquiet et de se mettre à miauler plaintivement, en particulier s'il s'agit d'un chaton sevré depuis peu, qui se retrouve éloigné de sa mère et de ses frères et sœurs pour la toute première fois.

Une chambre pour deux

Installez si possible le chaton dans votre chambre à coucher pour la première nuit, avec sa nourriture, son eau, son panier et son bac à litière. Ne soyez pas surpris s'il choisit de se pelotonner sur votre couette ou, comme cela arrive parfois, de se blottir directement contre votre tête. Attendez-vous à ce qu'il se réveille quelquefois au cours de cette première nuit chez vous. Avec le temps, il va s'habituer et, dès le lendemain, vous pourrez mettre son panier à l'endroit de votre choix.

Ce que votre chat aimerait que vous sachiez

Son comportement normal

Si votre chat pouvait parler, il vous dirait que, contrairement au chien, sa vraie nature a à peine été altérée par des siècles de domestication.

Sa beauté, sa noblesse, son indépendance et ses qualités de chasseur font du chat un chef-d'œuvre de la nature. Contrairement au chien qui garde un instinct de meute, le chat est un individualiste qui se suffit à lui-même et, par conséquent, peut très bien vivre seul avec son maître. Cette indépendance ne l'empêche pas toutefois d'apprendre à apprécier la compagnie des humains.

Ce prédateur né ne cesse de perfectionner ses techniques de chasse et savourer les plaisirs de la traque. Certains trouvent parfois qu'il est cruel quand il joue avec sa proie avant de lui porter le coup fatal. Or, le chat ne fait qu'obéir à ses instincts de chasseur.

Pendant la journée, le chat peut passer des heures à observer le monde qui l'entoure, par exemple depuis le rebord de la fenêtre,

et utiliser ses sens bien aiguisés pour détecter la présence d'une « proie » potentielle. À l'extérieur, il aime se cacher derrière les massifs de fleurs ou grimper dans un arbre et se mettre à l'affût. Ensuite, il se met à la recherche d'un endroit sûr, tel un toit, un abri de jardin ou son fauteuil favori, et s'accorde une petite sieste. Le chat dort en effet près de 16 heures par jour. Mais même endormi, il reste sur ses gardes, tous les sens en éveil et, en un instant, il peut se réveiller et être prêt à l'action.

Plus vous connaîtrez votre chat, plus vous comprendrez qu'il ne vous appartiendra jamais réellement. Son âme n'est pas à vendre. Vous accueillez en fait un pensionnaire volontaire, qui choisit librement de demeurer auprès de vous et ne réclame qu'un peu d'eau et de nourriture en retour. Contrairement au chien, le chat ne restera pas avec vous par loyauté si vous ne le traitez pas correctement. En revanche, si vous vous efforcez de comprendre qui il est vraiment, que vous prenez ses besoins en considération et l'encouragez à laisser libre cours à son instinct, votre chat vous récompensera grandement par l'affection et l'estime qu'il vous témoignera. Parlez fréquemment à votre chat et apprenez à mieux comprendre sa personnalité unique.

Votre chaton grandit

Les grandes étapes de sa croissance

Quel bonheur d'observer le chaton tout au long de sa croissance, mais comme le temps passe vite ! Découvrez par quelles étapes votre chaton passera bientôt.

Le sevrage

Le chaton peut être séparé de sa mère dès l'âge de six semaines, mais jamais plus tôt, sauf pour raisons médicales. L'idéal est d'attendre qu'il soit tout à fait sevré, vers l'âge de huit semaines.

Si votre chaton est âgé d'au moins six à huit semaines au moment où il intègre votre famille, vous pouvez vous attendre à ce qu'il soit capable de se déplacer dans la maison, de faire sa toilette et d'être déjà presque propre. Pour peu que sa mère lui ait déjà enseigné quelques techniques de base, il ne va pas tarder à mettre ses talents de chasseur en pratique. À huit semaines, le chaton a toutes ses dents de lait et peut être sevré. Vers l'âge de douze semaines, ses yeux ont acquis leur couleur définitive et ses dents d'adulte commencent à pousser. Il est particulièrement important que le chaton apprenne à bien se comporter envers les autres animaux et les humains au cours de ces premières semaines. Cette période de socialisation lui permettra d'apprécier les contacts humains et de ne plus dépendre de sa mère et de ses frères et sœurs.

Un jour — Dix jours — Trois semaines — Cinq semaines

LA CROISSANCE DE VOTRE CHATON

7-20 jours Ses yeux s'ouvrent.

15-21 jours Il rampe et se déplace maladroitement.

21-25 jours Il marche.

Vers l'âge de 3 semaines Sa mère commence à lui rapporter des proies.

3-4 semaines Le sevrage commence. Vous pouvez lui apprendre la propreté.

4-5 semaines Il apprend à jouer et à faire sa toilette. Il court.

6-8 semaines Il commence à chasser. Il apprend plus vite s'il peut prendre exemple sur sa mère.

8 semaines Le sevrage est fini. Toutes les dents de lait sont présentes.

12 semaines Les yeux prennent leur couleur définitive.

12-18 semaines Les dents d'adulte commencent à apparaître.

24 semaines Le chaton ne dépend plus du tout de sa mère.

Quatorze semaines

Cinq mois

Chat adulte

En voyage avec votre chat

En voiture !

La plupart des chats ont horreur des trajets en voiture. Le bruit du moteur, les brusques changements de direction qui perturbent leur sens de l'orientation et le paysage qui défile à toute vitesse derrière les fenêtres les dérangent profondément.

Si vous vous y prenez correctement, vous serez néanmoins capable d'habituer votre chat à voyager en voiture.

Une chose à la fois

Vous pouvez commencer à voyager avec votre chaton dès qu'il a environ trois mois. En prévision de ce premier trajet, pensez à le familiariser d'abord avec la caisse de transport, en laissant traîner cette dernière dans la maison pendant quelques semaines, avec la porte ouverte et une couverture confortable à l'intérieur, afin qu'il puisse l'examiner à son aise. N'hésitez pas à mettre dans la cage un vêtement que vous avez porté, pour que le chat soit rassuré par cette odeur familière.

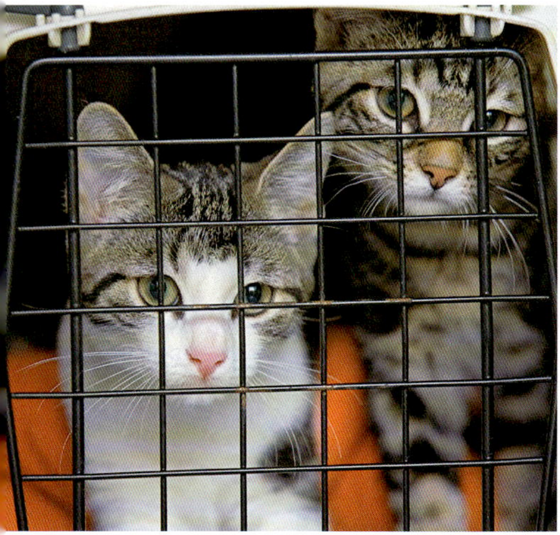

Évitez à tout prix de profiter de la première sortie en voiture pour vous rendre chez le vétérinaire, surtout si c'est pour faire vacciner votre chaton. Le chaton risquerait d'associer ce trajet expérimental avec l'étrange endroit où il a été conduit, la curieuse odeur de désinfectant, l'inconnu qui l'a manipulé et, surtout, la piqûre !

Dans un premier temps, ne faites que trois ou quatre courts trajets par semaine en voiture avec votre chat, à l'occasion d'une course à faire ou d'une promenade à la campagne. Par ailleurs, n'oubliez pas qu'il vaut mieux que votre chaton ne sorte pas aussi longtemps qu'il n'a pas reçu son injection de rappel de vaccination.

Avant de partir

Ne donnez pas à manger à votre chaton avant le voyage, pour éviter les nausées et les vomissements. Emportez un peu d'eau ou, si vous possédez une grande caisse de transport, remplissez le petit abreuvoir fourni, au cas où le chat aurait soif.

Placez la boîte de transport sur le siège arrière ou derrière le hayon, mais jamais dans le coffre. Attachez-la soigneusement à l'aide de la ceinture de sécurité ou d'un autre système de fixation. Évitez autant que possible de mettre la cage en plein soleil. Aérez bien la voiture et veillez à ce qu'il ne fasse ni trop chaud, ni trop froid à l'intérieur du véhicule.

Lors du retour à la maison, portez la caisse de transport à l'intérieur, ouvrez la porte et laissez le chaton sortir quand il l'aura décidé. Proposez-lui immédiatement quelques friandises, un bol d'eau fraîche, et beaucoup d'attention.

L'entretien du chaton

Un chaton bien toiletté

La propreté avant tout

Le toilettage fait partie de la vie du chat, car ce dernier est particulièrement soucieux de son apparence. Ces moments passés à débarrasser la fourrure des nœuds et des poils morts ainsi qu'à tonifier les muscles contribuent également à renforcer la cohésion sociale au sein du groupe.

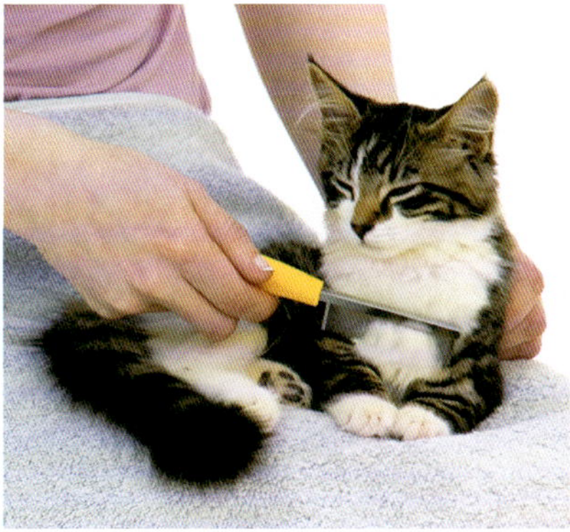

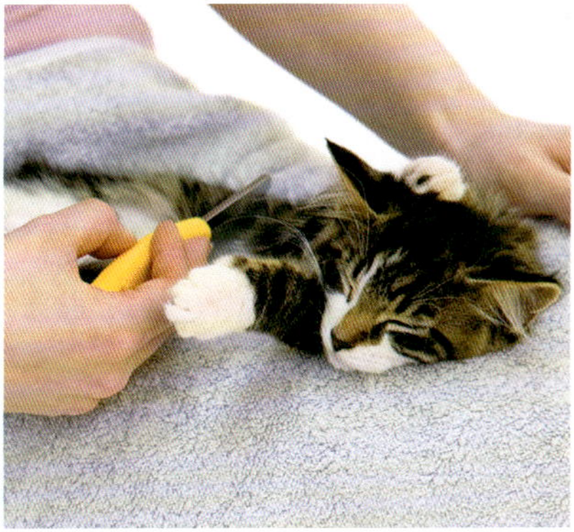

Chat à poil court

1 Utilisez une brosse douce ou un gant de brossage pour ôter les poils morts de la tête et du dos. À l'aide d'un peigne à dents fines, progressez de la tête à la queue en suivant le sens du poil. Revenez ensuite à rebrousse-poil.

2 Faites pivoter le chat et posez sa tête contre vous ou sur vos genoux. Retournez-le doucement en tenant son thorax entre vos mains. Toilettez son ventre comme décrit précédemment. Vous pouvez aussi lustrer son poil avec une serviette humide ou une peau de chamois.

En aidant votre chaton à faire sa toilette, vous contribuez à réduire le risque de formation de boules de poils dans son estomac. Le peigne, la brosse et le gant de brossage dont vous aurez besoin sont disponibles en animalerie, sur Internet et auprès de votre vétérinaire.

Habituez votre chaton aux séances de toilettage dès son arrivée chez vous. Il apprendra à apprécier ce moment pourvu que vous lui proposiez une courte séance quotidienne accompagnée de nombreuses friandises. Vous pourrez ensuite espacer les séances petit à petit. Deux séances hebdomadaires sont en général suffisantes pour garder le chat à poil court en état, alors qu'un chat à long poil doit être toiletté tous les jours. Si votre chaton n'a pas l'habitude d'être manipulé, installez-le de manière à vous tenir derrière lui.

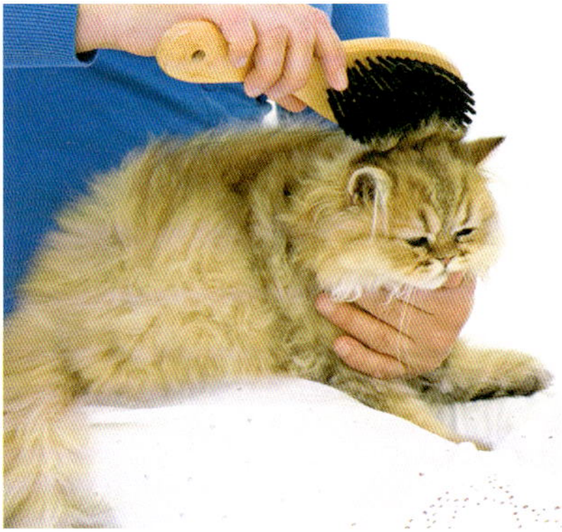

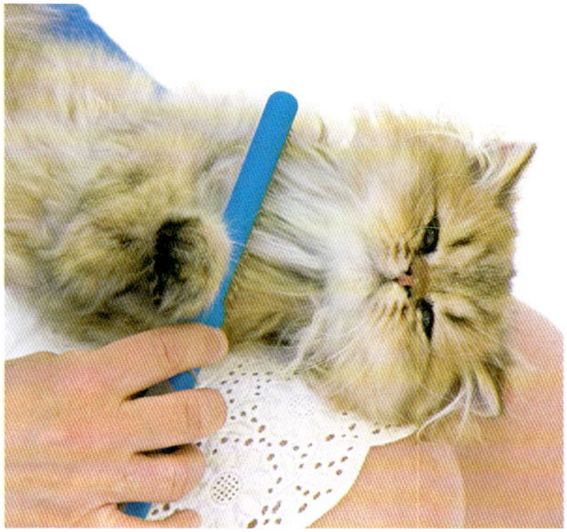

Chat à poil long

1 **À l'aide d'une brosse douce, toilettez la tête et le dos du chat dans le sens du poil. Répétez cette manœuvre à plusieurs reprises, puis faites la même chose à rebrousse-poil. Démêlez tous les nœuds, en insistant sur l'arrière des oreilles, le ventre, le bas-ventre et sous la queue.**

2 **Retournez le chat et toilettez son ventre à l'aide de la brosse et du peigne, dans le sens du poil puis à rebrousse-poil. Talquez le poil puis éliminez tout le talc en brossant. Enfin, lustrez le poil avec un gant de brossage, une serviette humide ou une peau de chamois.**

L'heure du bain

Une opération délicate

Si le poil de votre chaton est souillé par de l'huile ou de la graisse et qu'un toilettage normal ne suffit pas à l'ôter, un bain s'avère nécessaire. Il s'agit souvent d'un dernier recours, car la plupart des chats ont horreur de l'eau.

Beaucoup de produits huileux sont toxiques pour le chat : parfums d'ambiance, désinfectants, produits d'entretien du bois, ainsi que tous ceux qui contiennent de l'huile de pin, des phénols ou du crésol.

PAS TROP DE BAINS

Le chat accepte parfois assez facilement d'être baigné, mais n'en abusez pas. Des bains trop fréquents font disparaître la protection naturelle du poil et le rendent sec. N'utilisez que des shampoings doux, soit pour bébés, soit spécialement conçus pour l'entretien des chats et vendus en animalerie ou chez votre vétérinaire.

En plus du risque d'intoxication par ingestion quand le chat tente de se nettoyer en se léchant, ces substances peuvent être directement absorbées au travers de la peau.

Si vous vous apercevez que le poil de votre chaton est souillé par de l'huile ou de la graisse et que vous ne savez ni quand cela s'est produit, ni si le chat a eu le temps d'en lécher, demandez conseil à votre vétérinaire. Si vous êtes certain que c'est récent et que le chaton n'y a pas encore touché, donnez-lui un bain.

Utilisez l'évier de la cuisine ou de la salle de bain, ou une petite baignoire en plastique. Fermez les portes et les fenêtres et chauffez bien la pièce. Placez un tapis antidérapant au fond de l'évier.

Pendant toute la durée du bain, rassurez sans cesse votre chaton en lui parlant d'une voix douce et calme. S'il ne supporte pas d'être nettoyé de cette manière ou que vous ne parvenez pas à éliminer le produit qui le souille, conduisez-le chez le vétérinaire.

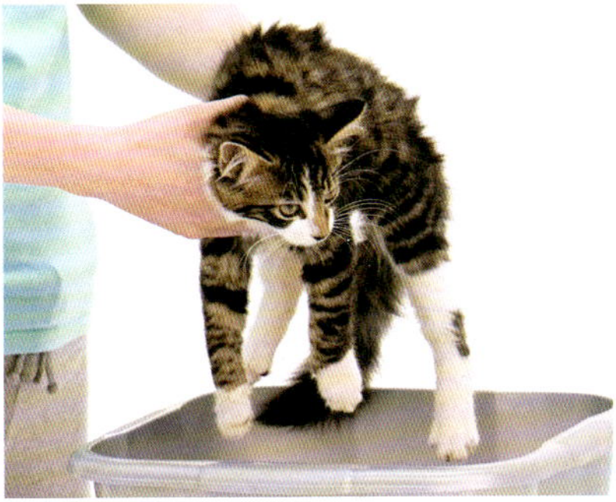

1 Faites couler 5-10 cm d'eau tiède (environ 39 °C) dans l'évier ou la baignoire. Soulevez votre chat en plaçant une main sous son derrière et l'autre au niveau de son cou. Posez-le dans l'eau et gardez une main sur son cou. S'il se débat, maintenez-le par la peau du cou.

2 À l'aide d'une éponge, mouillez l'ensemble de son pelage à l'exception de la tête, puis versez un peu de shampoing doux et faites mousser. Rincez soigneusement votre chat avec la douchette ou un pot rempli d'eau.

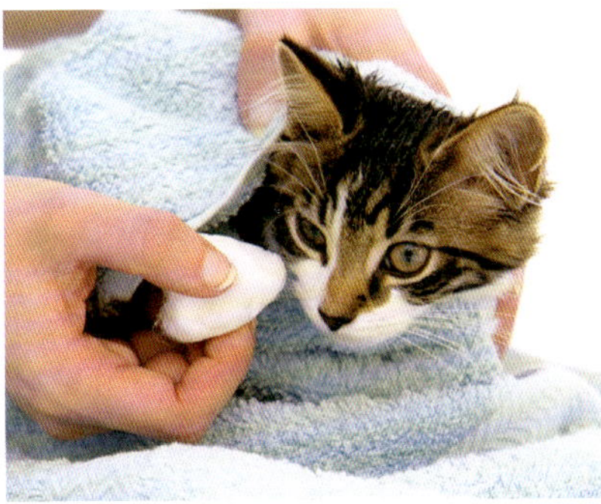

3 Sortez le chat de l'évier et emballez-le dans une grande serviette de bain bien chaude. Nettoyez sa tête avec du coton trempé dans l'eau tiède. La plupart des chats acceptent ensuite d'être séchés à l'aide d'un sèche-cheveux réglé sur faible puissance. Une fois le chat tout à fait sec, peignez-le soigneusement.

À table !

Comment nourrir votre chaton

Il est à présent de votre devoir de fournir une alimentation saine et équilibrée à votre nouveau compagnon. Or, il faut en outre que ces repas satisfassent un chaton parfois assez difficile sur la nourriture.

Le choix de la nourriture

Si votre chaton apprécie la nourriture de marque qu'il a reçue au cours du sevrage, n'en changez pas. Le chat se contente parfois volontiers de manger la même chose jour après jour pendant des années.

Ce genre de chat est toutefois rare, car beaucoup préfèrent que leur propriétaire leur propose des menus toujours plus variés (voir pages 54-55).

L'alimentation de base de votre chaton et, plus tard, du chat adulte doit de préférence être choisie parmi les nombreuses marques de nourriture équilibrée proposées dans le commerce. Il en existe essentiellement de trois types :

- En boîte (pâtées)
- Sèche (croquettes)
- Semi-humide (sachets)

Chaque type de nourriture contient une quantité adéquate de protéines, de lipides, de minéraux et de vitamines, mais s'accompagne aussi de certains désagréments.

La nourriture en boîte a une teneur élevée en eau : si le chat ne lèche qu'une partie de la sauce, il n'ingère pas l'ensemble des vitamines et des minéraux. Les croquettes ne s'altèrent pas par temps chaud, mais encore faut-il que le chat les aime. De même, il arrive que le chat n'apprécie pas du tout la nourriture semi-humide.

De petites portions

Le chaton a un petit estomac et ne peut manger que de petites quantités de nourriture à la fois. De six à douze semaines, deux à trois cuillerées à café de nourriture quatre à cinq fois par jour lui suffisent. Entre trois et six mois, augmentez progressivement la quantité de nourriture et diminuez le nombre de repas à deux ou trois par jour. Le chat qui passe beaucoup de temps à l'extérieur a des besoins alimentaires supérieurs à ceux de la plupart des chats d'intérieur.

Le chat aime grignoter un peu d'herbe de temps en temps. Laissez-le faire, car cela lui permet de régurgiter plus facilement les poils qui se trouvent éventuellement dans son estomac. Vous pouvez vous procurer de l'herbe à chat en animalerie (voir pages 128-129).

La boisson

De l'eau doit être disponible en permanence. Vous pouvez donner un peu de lait à votre chaton, mais jamais en lieu et place de l'eau. Il arrive que le chat ne supporte pas le lait de vache, quand son tube digestif ne fabrique pas l'enzyme nécessaire pour dégrader le lactose. Dans ce cas, vous pouvez acheter du lait sans lactose conçu spécialement pour lui.

Gestion de la « chat-fétéria »

Comment satisfaire le client

Après avoir établi la carte du restaurant, vous devez réfléchir à l'organisation du service afin de répondre au mieux aux besoins de votre chaton.

Les règles de base

À partir de l'âge de six mois, vous pouvez nourrir votre chat trois fois par jour. Pour l'habituer à accourir au moment du repas, agitez une clochette, cognez la fourchette contre la gamelle, ou appelez le chat par son nom. Cette technique présente de plus l'avantage de rendre le chat moins difficile sur la nourriture. Ce dernier est aussi tout à fait capable de reconnaître d'autres signaux, tels que le bruit de la porte du réfrigérateur ou le froissement du papier d'emballage des croquettes.

Retirez la gamelle un quart d'heure plus tard. Si le chat n'a pas touché à son repas, recouvrez le bol, mettez-le dans le réfrigérateur et proposez-le plus tard. Servez la nourriture à la température ambiante, car le chat risque de vomir si les aliments sont trop froids. En sortant la nourriture du réfrigérateur, attendez qu'elle se réchauffe ou passez-la au four à micro-ondes pendant 15 secondes (dans un récipient non métallique). Vérifiez la température de l'aliment avant de le servir au chat.

De l'eau propre sinon rien

Vous avez peut-être constaté que votre chat buvait l'eau des flaques dans le jardin, ou essayait de boire dans la cuvette des toilettes.

Vous veillez pourtant soigneusement à toujours mettre un bol d'eau fraîche à sa disposition ! Ce comportement s'explique souvent par la présence dans l'eau du robinet d'un arrière-goût de chlore, qui déplaît au chat. Vous pouvez remédier à cela en stockant l'eau du robinet dans un grand verre ou une bouteille en plastique non refermée à température ambiante pendant un jour ou deux avant de la proposer à votre chat, une fois le chlore évaporé. Si votre chaton a des goûts de luxe, il peut aussi se faire servir de l'eau plate en bouteille, à moins qu'il ne préfère laper directement l'eau qui coule du robinet, auquel cas vous pouvez lui faire plaisir en lui achetant une fontaine pour chat.

MESURES D'HYGIÈNE

La gamelle de nourriture doit être nettoyée soigneusement au moins une fois par jour. Veillez à ce que le bol d'eau soit rempli en permanence. Ne lavez pas la vaisselle du chat avec vos propres ustensiles de cuisine.

Un gourmet difficile

Comment le convaincre de manger

Délicat, tatillon, capricieux... autant d'adjectifs qui décrivent la relation du chat envers la nourriture. Certains propriétaires aimeraient pouvoir faire les courses avec leur chat chaque matin, afin qu'il puisse choisir lui-même parmi les multiples plats proposés.

À croire que les goûts du chat varient de jour en jour... Quand un maître est persuadé, à tort, que son chat va mourir de faim s'il ne reçoit pas chaque jour un mets délicat différent, le félin en profite parfois pour le condamner à arpenter sans cesse les magasins et à investir des sommes considérables dans la recherche de l'aliment parfait.

Privilégier la variété

Certains chats difficiles veulent toujours manger la même chose (du bœuf haché ou du poisson bouilli, par exemple), mais une telle alimentation n'est absolument pas équilibrée et peut nuire à leur santé. En plus de représenter un risque éventuel d'intoxication alimentaire de type salmonellose, la viande hachée crue ne contient pas assez de minéraux, et en particulier de calcium. Une alimentation trop riche en poisson blanc induit parfois des carences en vitamine B1.

Chaque chat devrait pouvoir manger une nourriture équilibrée du commerce. Essayez plusieurs marques et introduisez-les graduellement dans la ration du chat. Une chose est sûre : votre chat ne risque *absolument* pas de se laisser mourir de faim.

Un indicateur de santé

Quand un chat devient soudain difficile sur la nourriture, vous devez en premier lieu vous assurer qu'il n'est pas malade. Il peut souffrir de gingivite, d'une accumulation de tartre ou que l'une de ses dents s'apprête à tomber. Inspectez régulièrement et soigneusement la bouche de votre chat (voir pages 166-167) et, en cas de doute, consultez votre vétérinaire.

Le chat manque souvent d'appétit quand il se remet d'un problème de santé, et en particulier en cas de coryza (rhume du chat). Essayez de l'encourager à manger en lui proposant un aliment auquel il n'est pas habitué.

Certains apprécient énormément le poisson à la tomate tandis que d'autres préfèrent un peu de viande savoureuse.

Le consommateur itinérant

Si votre chat n'a peut-être apparemment pas très faim, c'est peut-être tout simplement parce qu'il a pris l'habitude d'aller manger chez l'un de vos voisins. Quelqu'un est habitué à recevoir quotidiennement la visite d'un gentil chaton et s'imagine qu'il est à la recherche d'un foyer et d'un garde-manger bien rempli. Ce voisin attentionné place alors régulièrement une gamelle remplie de morceaux de poulet ou de thon à la disposition du visiteur. Ce genre de situation est beaucoup plus fréquent qu'on ne le croit.

Sous toutes les coutures

L'entretien régulier du chaton

Pour ne pas risquer de passer à côté d'un problème de santé débutant, pensez à soumettre votre chat à une petite inspection régulière une à deux fois par semaine. Profitez par exemple des moments durant lesquels il est confortablement installé sur vos genoux.

Les oreilles

Examinez l'intérieur des oreilles à la recherche de croûtes ou d'amas de cérumen éventuels. Si vous en trouvez, nettoyez l'oreille à l'aide d'une compresse imbibée d'eau ou d'huile d'olive tiède. La présence de plusieurs dépôts de cérumen brun foncé peut suggérer une gale d'oreille. N'utilisez jamais de coton-tige.

Les dents

Écartez doucement les mâchoires de votre chaton et examinez l'intérieur de sa bouche. Les dents de lait doivent être blanches et propres, les gencives saines et rose pâle, et l'haleine fraîche.

En cas de doute, consultez votre vétérinaire sans tarder.

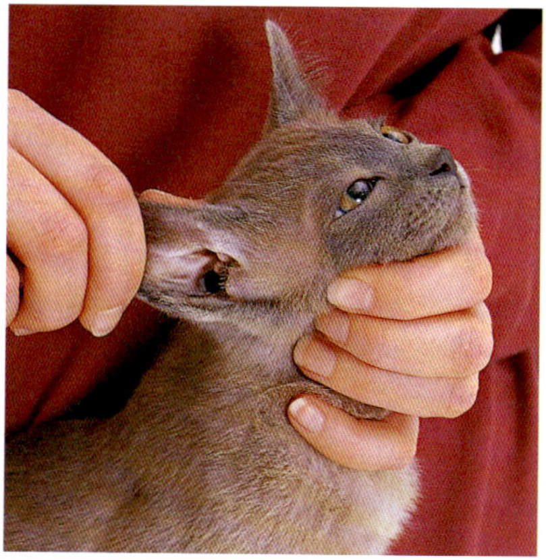

Le pelage

Commencez par passer votre main sur l'ensemble du corps du chat. Y a-t-il des croûtes? Des endroits dépourvus de poils? Des nœuds? Desserrez les boules de poils avec vos doigts puis avec un peigne (voir pages 46-47). Écartez les poils de votre chaton, en particulier au bas du dos, et recherchez d'éventuels petits «grains noirs». Ces grains sont des crottes de puces, et il est beaucoup plus facile de les mettre en évidence que les puces elles-mêmes, surtout chez le chat à longs poils (voir pages 174-175 pour plus d'informations sur la lutte contre les puces).

Les yeux et le nez

À présent, examinez les yeux et les paupières de votre chaton. Ils doivent être clairs et propres, sans mucus ni saletés. Si vous notez la présence de croûtes aux coins des yeux du chat, ôtez-les avec vos doigts ou un coton à démaquiller imbibé d'eau tiède.

Vérifiez que le nez de votre chaton est propre et qu'il ne coule pas. Sa truffe est-elle sèche et croûteuse? Appliquez-y un peu de vaseline. Si le nez du chat reste sec ou présente une blessure qui ne guérit pas dans les deux semaines, consultez votre vétérinaire sans tarder.

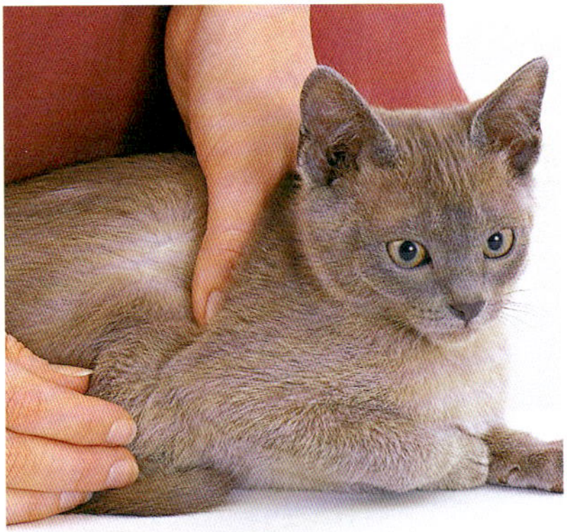

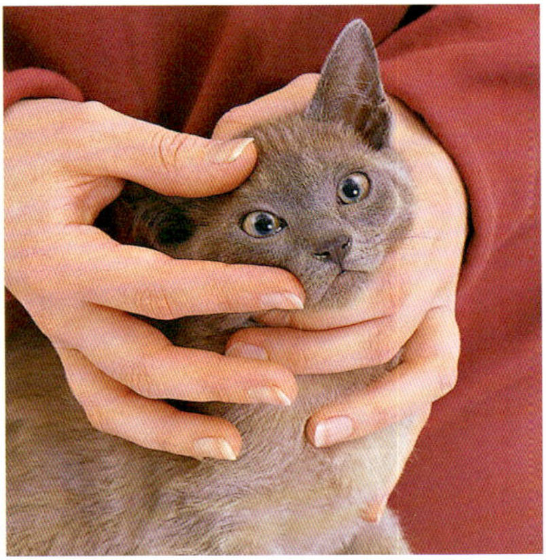

Pitié ! Pas le vétérinaire !

Un personnage rarement populaire auprès des chats

Comme vous devrez tôt ou tard conduire le nouveau membre de la famille chez le vétérinaire, autant rendre cette visite la moins stressante possible.

Disparu sans laisser d'adresse

Comment ne pas croire que le chat possède des pouvoirs télépathiques quand il demeure justement introuvable à l'approche de son rendez-vous chez le vétérinaire !

Plusieurs vétérinaires m'ont raconté que les propriétaires de chats annulent souvent leur rendez-vous ou ne viennent tout simplement pas à la clinique, sans prévenir l'équipe de leur absence, parce qu'ils sont incapables de mettre la main sur leur chat. Il arrive fréquemment qu'un chat qui fait invariablement la sieste dans la serre entre neuf heures et midi disparaisse mystérieusement le jour même de la visite chez le vétérinaire. Après d'innombrables désistements, certains praticiens renoncent finalement à donner des rendez-vous aux chats.

Le trajet

Pour peu que votre chat soit présent et bien disposé, quelques détails restent encore à vérifier. Avez-vous correctement familiarisé le chaton à la caisse de transport avant cette première visite chez le vétérinaire (voir pages 42-43) ? En effet, si le premier voyage a pour destination la clinique vétérinaire, le chaton risque fort de l'associer négativement à la boîte de transport et à tous les trajets en voiture ultérieurs.

Les premiers vaccins

Téléphonez à votre vétérinaire, prenez si possible un rendez-vous à un moment calme de la journée, et arrivez à l'heure. Au cas où vous devriez attendre un peu avant d'entrer dans la salle de consultation, laissez de préférence le chat dans sa caisse de transport dans la voiture plutôt que dans la salle d'attente, remplie de bruits et d'odeurs inquiétantes d'autres humains et animaux.

Si votre chaton n'a pas été vacciné avant d'arriver chez vous, la première visite chez le vétérinaire sera consacrée à ces vaccins très importants. Le vétérinaire s'assurera en plus que le chat est en bonne santé, et vous parlera éventuellement des différents moyens de contraception et de stérilisation.

Si votre chaton vient se faire vacciner pour la deuxième fois, n'oubliez pas d'apporter son carnet de santé pour qu'il soit daté et signé. Ensuite, rangez soigneusement ce carnet afin de pouvoir le retrouver facilement, par exemple lorsque votre chat ira en pension.

POUR UNE VISITE SANS STRESS

- Habituez votre chaton à sa caisse de transport avant la visite chez le vétérinaire.
- Faites un ou deux petits trajets avec votre chaton pour qu'il se familiarise avec la voiture avant le grand jour.
- Si possible, prenez rendez-vous à la clinique à un moment calme de la journée.
- Arrivez à l'heure et laissez le chaton dans sa boîte dans la voiture jusqu'au moment où le vétérinaire peut vous recevoir.
- Si votre chaton a déjà été vacciné auparavant, pensez à apporter son carnet de santé.

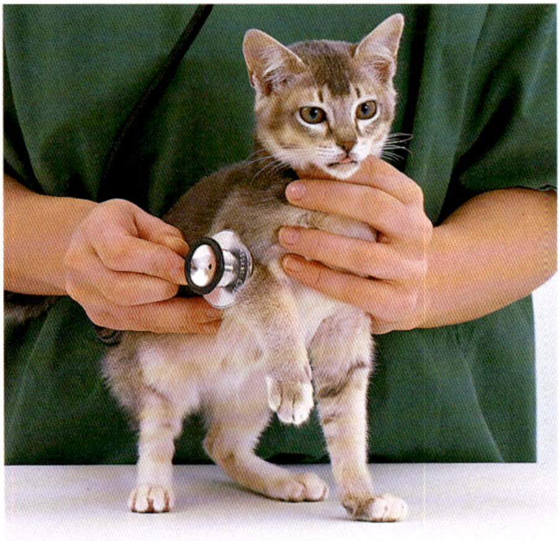

Votre chat et vous

Votre chat et son langage

Soyez attentif

Le chat s'exprime sans cesse, non seulement de manière audible, mais également au travers du langage du corps, des expressions faciales, du toucher, et par son comportement. Si vous observez attentivement votre chaton, vous deviendrez bien vite un spécialiste du langage félin.

Après avoir étudié le langage du chat, les experts ont annoncé que ce dernier utilisait au total seize sons différents, allant du feulement de colère au crachement et au sifflement, du gémissement plaintif au miaulement de séduction, et du ronronnement de satisfaction au bruit particulier que fait le chat qui repère un oiseau.

Le langage corporel

Le langage corporel du chat est incroyablement expressif. Le chat agressif rabat ses oreilles en arrière tout en fouettant l'air de sa queue basse et hérissée. Lorsqu'il est sur la défensive, il fait le dos rond et se tient en crabe, la queue arquée et le poil hérissé. Un chat soumis a tendance à ramper, les oreilles et le poil aplatis, et à battre la mesure sur le sol avec sa queue.

Quand votre chaton est alerte et intéressé par quelque chose, il dresse ses oreilles et les pointe vers l'avant, alors qu'il les aplatit contre son crâne en cas de confrontation. Si le chat est de mauvaise humeur mais souhaite éviter les conflits, il tient ses oreilles tournées vers l'avant, mais repliées vers l'extérieur.

Le chat fournit également des informations importantes par l'intermédiaire de sa queue.

Un balancement lent et plein de grâce est synonyme de contentement. Pour manifester son affection, le chat dresse bien haut la queue, en inclinant fréquemment son extrémité, et frotte son corps contre son ami. De brusques et rapides mouvements de la queue sont souvent signe d'agitation et de stress émotionnel.

Pour communiquer avec les humains et avec les autres chats, le chat aime aussi recourir au toucher. Il se frotte amoureusement contre eux et presse son nez contre le leur. S'il nous donne de petits coups avec son front, c'est pour nous manifester son affection ou, la plupart du temps, pour réclamer quelque chose, et en particulier de la nourriture.

Le regard

Les yeux du chat transmettent également des messages. Des pupilles dilatées signifient que le chat est inquiet et soumis. Elles se dilatent toutefois aussi en cas d'excitation dénuée de crainte, par exemple lors du jeu. Les pupilles du chat agressif se rétrécissent jusqu'à ne plus former que deux fentes verticales.

Un chat heureux et détendu cligne lentement des paupières. S'il bat des paupières en fixant directement son propriétaire, c'est peut-être qu'il veut être rassuré. Évitez de regarder fixement votre chat dans les yeux, car ce type de regard est généralement considéré comme menaçant, sinon agressif, qu'il provienne des humains ou des autres chats.

Confidences félines

Chut ! Votre chat veut vous parler !

Le chat dispose de plusieurs moyens de communication sophistiqués pour dialoguer avec ses semblables et avec les humains, bien que certains signaux très subtils ne puissent être ni compris, ni perçus par l'homme.

Des signaux à décoder

L'homme est tout simplement incapable de comprendre certains signaux utilisés par le chat, tel le marquage olfactif. Même si nous reconnaissons sans hésitation l'odeur d'urine caractéristique que dépose ici et là le matou dominant du quartier, les limites de notre odorat ne nous permettent pas de détecter les messages plus subtils que laisse le chat en se frottant ou en grattant, et encore moins de savoir ce qu'ils signifient pour les autres chats.

Vous pouvez bien sûr reconnaître quand un chat est fâché. Si vous lui marchez sur la queue, il vous manifeste clairement sa désapprobation en crachant ou en feulant. En cas d'offense plus grave, un petit coup de griffe ou de dent vous rappelle bien vite à l'ordre.

Rares sont les propriétaires qui ne comprennent pas que leur chat a faim quand il arpente l'endroit où se trouve généralement son bol de nourriture, regarde le bol puis fixe les yeux sur eux. Le chat dresse la queue et, s'ils entrent dans la cuisine et ouvrent le placard qui contient la nourriture, il s'empresse de se frotter contre leurs jambes ou de leur donner des coups de tête pour les encourager à lui ouvrir une boîte de pâtée ou lui servir une ration de croquettes.

Votre terrible chat

Le chat est parfois possessif au point de faire preuve de jalousie envers ses propriétaires. Si un bébé vient agrandir votre famille, n'oubliez surtout pas de continuer à accorder à votre chat autant d'attention et d'affection qu'auparavant.

Votre chat peut également être jaloux des autres chats de la maison, vous manifester son mécontentement en se montrant froid et distant quand vous vous occupez d'eux, et s'en aller en grognant quand vous l'appelez. S'il le pouvait, il préférerait sans doute s'attaquer à l'autre chat, et éventuellement le mordre, mais un tel comportement est inadmissible dans une maison où cohabitent plusieurs chats. Efforcez-vous d'éviter l'apparition des scènes de jalousie en gardant à l'esprit que votre chat est l'aîné de la famille, qu'il était là avant l'autre chat ou le bébé, et traitez-le en hôte de marque en le nourrissant en premier et en le câlinant comme au premier jour.

Un chat à câliner

Des caresses, mais du respect avant tout

Il est important d'habituer le chaton à être manipulé dès son plus jeune âge. Le succès de votre relation dépend en grande partie de cette prise de contact.

Pour peu qu'il se sente à l'aise et en sécurité, le chat aime en général être pris dans les bras et câliné par son maître. Lisez les conseils qui suivent et surtout, manipulez toujours votre chaton avec respect et douceur. Évitez de le harceler et de l'empoigner sans ménagement.

Comment bien porter un chaton

Résistez à la tentation de prendre sans cesse votre chat dans vos bras. Il doit disposer de suffisamment de temps et d'espace pour vivre sa vie, se promener, explorer son environnement ou faire un petit somme. Même si cela se révèle souvent difficile, faites aussi la leçon aux enfants en bas âge de votre famille.

Ne prenez jamais votre chaton par la peau du cou ou par les « aisselles » en laissant son corps ballotter. (Vous pouvez bien entendu prendre le chat par la peau du cou s'il est blessé ou a un membre fracturé.) Manipulez toujours le chaton avec beaucoup de précautions, car ses os sont fragiles, en particulier au niveau de la cage thoracique, et il pourrait avoir des séquelles en cas de manipulations brutales subies durant son plus jeune âge.

L'idéal est de placer une main sous le ventre du chat et l'autre sous ses fesses. Le chaton peut ainsi s'asseoir dans la paume de votre main, tandis que votre autre main, placée autour de son cou ou sous les pattes

Comment bien porter un chat

Une fois votre chat devenu grand, soulevez-le en plaçant une main derrière ses pattes avant et l'autre main sous ses fesses. Maintenez-le contre votre poitrine sans cesser de le soutenir grâce à la main positionnée sous son postérieur. Il peut alors s'asseoir au creux de votre bras et poser ses pattes avant sur votre épaule ou dans votre autre main. Avec un peu de chance, un doux ronronnement montera jusqu'à vos oreilles.

avant, soutient la tête et le haut du corps. Si vous transportez le chaton d'un endroit à un autre, serrez-le contre vous. Sinon, installez-le sur vos genoux, câlinez-le et laissez-le s'assoupir. Par contre, s'il ne veut pas rester dans vos bras et préfère aller jouer, faites attention à ce qu'il ne tombe pas en sautant à terre. Posez-le délicatement sur le sol, caressez-le et offrez-lui une friandise ou un jouet pour récompenser son bon comportement. Habituez votre chaton à être manipulé de la sorte en répétant cet exercice plusieurs fois par jour.

LE CHATON ET LES ENFANTS

Des transports de joie et l'enthousiasme saluent généralement l'arrivée d'un chaton. Vous devez donc impérativement apprendre aux enfants à manipuler le nouveau venu avec douceur pour ne pas risquer de l'effrayer ou de le blesser. Montrez aux enfants plus âgés comment il convient de prendre le chat, et expliquez aux plus petits comment caresser le chaton sans lui donner de petites tapes, même quand l'excitation est à son comble.

Le chaton et ses manies

Mais que fait-il donc ?

Vous avez peut-être déjà vécu cette situation : votre chaton se repose sur vos genoux quand soudain, sans raison apparente, il se met à pétrir votre ventre comme une boule de pâte. Il lui arrive même de vous mordiller ou de planter ses griffes dans vos vêtements. Que se passe-t-il donc ?

Il vous aime

Le pétrissage est un comportement qui remonte à l'époque où votre chaton était blotti contre le ventre de sa mère, et pressait avec les pattes contre ses mamelles pour « faire monter le lait ». Certains chats ont ainsi tendance à saliver d'avance et à se mettre à ronronner. Si votre chaton éprouve alors tout à coup l'envie de vous pétrir, laissez-le faire.

Les morsures sont une autre histoire, et il faut les faire cesser. Il peut s'agir d'un moyen d'attirer votre

attention, ou de mettre un terme aux câlins («syndrome du chat caressé mordeur»). Le toilettage mutuel entre chats ne dure jamais très longtemps, et c'est pour cette raison que par le biais d'un ou deux petits coups de dents, votre chaton vous dit en fait : «Maintenant, ça suffit! Arrête!»

Si le chaton vous plante les griffes dans la peau au cours du pétrissage, entraînez-le à les rentrer. Tout en vous adressant gentiment à votre chaton en l'appelant par son nom, caressez doucement sa patte du bout du doigt jusqu'à ce que la griffe se rétracte. Une fois les griffes rentrées, félicitez-le et donnez-lui une friandise. Le chat parviendra très probablement à garder ses griffes rétractées pour peu que vous répétiez cet exercice aussi souvent que nécessaire. Il faut en général compter une à deux semaines; certains chats ont néanmoins besoin de plusieurs mois d'apprentissage. Faites preuve de patience et ne soyez pas avare d'encouragements et de friandises.

Il fait ses dents

Entre l'âge de trois semaines et six mois, il arrive que le chaton se mette à mordre parce qu'il souffre d'un inconfort lié à la poussée dentaire. Dès que votre chaton commence à faire ses dents, achetez-lui des jouets et des friandises à mâcher en animalerie ou sur Internet. Encouragez-le à s'en servir, et dissuadez-le de s'en prendre à vous en lui soufflant brusquement au visage (sans lever la main sur lui) aussitôt qu'il tente de vous mordiller.

Instinct sauvage

Us et coutumes de votre chat

Le magnifique petit chaton qui vient de rejoindre votre famille se déguise-t-il parfois en tigre ? Pensiez-vous accueillir simplement une adorable boule de poils, aussi démonstrative et joueuse que le chiot du voisin ?

Un chasseur solitaire

On ne le redira jamais assez : les chats ne sont pas des chiens. Le chien est fait pour vivre en meute et, depuis sa domestication, il considère sa famille d'adoption comme une forme de meute. Le chat est, lui aussi, resté pareil à lui-même : un chasseur solitaire.

Sous sa fourrure soyeuse, ses beaux yeux bleus et sa passion pour le thon au naturel, votre chaton possède toujours l'instinct de ses ancêtres sauvages. Tout naturellement, il va traquer les passereaux du jardin ou vous rapporter fièrement des grenouilles.

Le chat communique avec ses semblables de différentes manières (voir pages 62-63), mais dès qu'il est à l'extérieur, il redevient un prédateur isolé. Les signaux qu'il adresse à ses congénères lui permettent d'éviter autant que possible les conflits et les confrontations, et ainsi de demeurer en bonne santé, sans blessure qui risquerait de le pénaliser quand il chasse et se déplace d'un endroit à l'autre.

Une société matriarcale

Malgré leur tempérament de chasseurs solitaires et individualistes, les chats sauvages et ceux qui vivent à plusieurs dans une même maison ont tendance à former une société matriarcale, où les femelles endossent le rôle de membres dominants. Ils se plient aux règles hiérarchiques de cette société féline dans certaines situations, par exemple en ce qui concerne les rapports entre les deux sexes, ou les déplacements sur un territoire qui n'appartient pas encore à un autre chat.

Les recherches ont montré qu'au sein des groupes de chats sauvages, les grands-mères, les mères, les tantes et les filles tissent un véritable réseau social d'où les autres individus sont exclus. Si vous possédez plusieurs chats, ils formeront vraisemblablement un matriarcat duquel tout individu étranger non castré ne sera pas le bienvenu. Il est plus facile de faire cohabiter des

chats apparentés les uns aux autres. Soyez prudent et patient si vous voulez introduire chez vous des chats n'ayant aucun lien de parenté.

Lorsque le chat se frotte à un autre chat ou contre un humain, il lui témoigne son affection et son respect, en plus de le reconnaître comme appartenant à son groupe social. Le statut social est très important dans la société féline. En pratiquant le toilettage mutuel, les chats renforcent les liens qui les unissent et échangent diverses informations sous forme de goûts et d'odeurs.

Le propriétaire de chat avisé comprend l'existence de ces différents rôles et accepte que la relation qu'il a avec un chat en particulier ne soit pas transposable aux autres chats. Il ne faut pas laisser des tensions s'installer entre nous et le chat, sous peine de voir ce dernier se replier sur lui-même, devenir agressif ou quitter la maison.

Du chat et des hommes

Rien n'échappe à votre chaton

Parmi les multiples talents de votre chaton figure aussi son étonnante capacité à deviner dans quel état d'esprit sont les gens qu'il rencontre.

Votre langage corporel

Le chat est doué pour analyser le langage corporel de l'homme et associer les intonations de sa voix à l'humeur de ses compagnons humains.

Il est de plus très sensible aux odeurs corporelles. La composition chimique de la sueur humaine varie en fonction de l'état d'esprit de l'individu (on parle d'ailleurs de « l'odeur de la peur »), c'est pourquoi l'odeur de la transpiration est différente selon que la personne est amoureuse, détendue ou pétrifiée de peur. L'odorat du chat étant bien plus développé que le nôtre quand il s'agit de détecter ces infimes modifications odorantes, vous constaterez que votre animal réagit de manière appropriée selon votre humeur du moment.

Mais je n'aime pas les chats !

Vous avez certainement déjà entendu l'un ou l'autre visiteur s'exclamer, alors que votre chat s'avance aimablement vers lui : « Comme c'est étrange ! Je n'apprécie pas particulièrement les chats, et pourtant ils viennent toujours vers moi ! » Cette situation est assez fréquente, et des gens qui ne portent pas vraiment les chats dans leur cœur sont souvent accueillis plus chaleureusement qu'un amoureux des chats.

Cela peut s'expliquer par le regard que jette le visiteur en direction du chat. Celui qui aime les chats a tendance à fixer l'animal en clignant à peine des yeux. Celui qui ne les apprécie pas les regarde avec indifférence, en battant normalement des paupières. Comme nous l'avons vu (voir pages 62-63), le chat considère qu'un regard fixe est synonyme de menace, qu'il provienne d'un humain ou d'un autre chat, et qu'il existe un risque de conflit. Lors d'une première rencontre, le chat préfère ainsi un regard indifférent, et donc moins menaçant.

Quand vous vous tenez tout près de votre chaton, pensez à cligner lentement des yeux, et à ne pas cesser de battre des paupières lorsque vous le fixez droit dans les yeux. Vous constaterez peut-être que le chaton se met lui aussi à cligner des yeux.

Le chat et son territoire

Votre chaton a des droits

« Ne t'avise pas de toucher à ce qui m'appartient », dit le chat à sa manière. Que ce soit à l'intérieur ou à l'extérieur de votre maison, il a clairement défini les limites de sa propriété et entend bien les faire respecter.

Le chat marque son territoire en érigeant des « poteaux indicateurs » sous forme d'odeurs et de traces visibles à l'intention des autres chats.

Le grattage

La plupart des gens croient que le chat qui gratte se contente simplement de faire ses griffes. C'est un fait, le grattage maintient les griffes en bon état, non en les aiguisant, mais bien en éliminant les parties usées de

l'extérieur de la griffe et en faisant apparaître la nouvelle griffe qui se trouve dessous. Le grattage sert aussi à fortifier et exercer les muscles et les tendons des pattes. Le chat est alors sans cesse prêt à l'action, qu'il s'agisse de se bagarrer ou d'escalader la clôture.

Mais plus important encore, le grattage permet au chat de délimiter son territoire de manière visible par les chats du voisinage. En outre, les glandes de marquage situées sous les pattes du chat répandent un signal olfactif sur la zone ainsi marquée.

Le marquage olfactif

Votre chat émet trois types de signaux olfactifs : par l'intermédiaire de ses urines, de ses excréments et de ses glandes de marquage.

Lorsqu'il marque son territoire, le chat se force à uriner quelle que soit la quantité d'urine présente dans sa vessie. Il est étonnant de constater que le marquage urinaire suit invariablement une routine précise : la surface

traitée et le nombre de jets d'urine ne changent jamais. Ce type de marquage se fait en général, mais pas exclusivement, en position debout afin que l'urine se trouve directement à la hauteur du nez des chats qui passeront par là. Les chats des deux sexes sont susceptibles de marquer, qu'ils soient castrés ou non.

La plupart du temps, le chat s'efforce d'enterrer ses excréments en s'aidant de ses pattes arrière. Il évite cependant de le faire quand il défèque à des endroits bien précis de son territoire. Ces cartes de visite malodorantes sont alors par exemple déposées au sommet des piquets de clôture ou, malheureusement, au beau milieu de la pelouse de votre voisin.

En se frottant à vous ou contre un autre animal, votre chat répand les sécrétions odorantes produites par ses glandes de marquage. De cette manière, il s'approprie l'objet marqué, ou affirme son statut social envers un autre chat. Ce comportement lui permet également de montrer à tous qu'il vous connaît, ou de vous témoigner sa satisfaction.

Problèmes liés à la croissance

Le chat adolescent

Quand les hormones pointent le bout de leur nez

L'adolescence est souvent synonyme de crise, et votre chaton risque de ne pas échapper à la règle. Préparez-vous à prendre les décisions qui s'imposent, car le chat atteint l'âge adulte bien plus tôt que l'homme.

La maturité sexuelle

Dans l'espèce féline, les femelles atteignent leur maturité sexuelle vers l'âge de 7 à 12 mois. Les mâles deviennent adultes un peu plus tard, en général entre 10 et 14 mois. Dans certaines races, comme les Siamois, les femelles sont nettement plus précoces et commencent à manifester des signes de chaleurs dès l'âge de six mois ; les races à poil long sont plus tardives.

Les chaleurs de la chatte (ou œstrus) suivent un cycle saisonnier. Elles réapparaissent toutes les deux semaines environ, et durent chaque fois de deux à quatre jours. Le cycle annuel regroupe généralement les chaleurs au cours

de deux à trois périodes : du début au milieu du printemps, du début au milieu de l'été, et parfois encore au début de l'automne. Il existe bien entendu des spécificités individuelles.

Les chaleurs

Comment savoir quand votre minette est en chaleur ? Son but étant avant tout d'attirer les mâles, la chatte est la plupart du temps beaucoup plus agitée, affectueuse et démonstrative que d'habitude, et passe de longs moments à faire sa toilette. Elle va jusqu'à se frotter contre vous ou se rouler par terre. Il lui arrive de pousser des hurlements stridents, que l'on qualifie aussi à juste titre d'« appels du mâle ». La minette prend régulièrement une posture caractéristique, en aplatissant l'avant de son corps contre le sol tout en gardant son derrière relevé. La queue est portée sur le côté et les pattes arrière pédalent furieusement, comme si la minette apprenait à faire du vélo. Elle a tendance à s'accroupir aussitôt quand vous la caressez.

Nous abordons plus tard le sujet des traitements contraceptifs et de la stérilisation chirurgicale (voir pages 80-81 et 82-83). Si vous envisagez de faire porter votre chatte, laissez au moins passer deux périodes de chaleurs complètes. Sinon, son corps risque de ne pas être suffisamment développé pour mener correctement une gestation à son terme et d'allaiter ensuite les chatons. Vous seriez alors obligé de vous en occuper vous-même.

Des chatons de votre chaton

Faut-il le faire se reproduire ?

Avez-vous réellement envie que votre chatte ait des petits ? Cela lui fera sans doute plaisir, mais réfléchissez bien à ce que vous ferez ensuite de tous ces chatons.

Il n'est pas toujours facile de trouver une bonne maison pour des chatons. Les associations d'aide aux animaux débordent déjà de chats abandonnés à placer. En tant qu'amoureux des chats concerné par leur bien-être, vous devez agir de manière responsable et songer aux différentes possibilités qui s'offrent à vous.

Si vous possédez une minette, optez pour un moyen de contraception. En effet, il vaut mieux ne pas laisser son cycle hormonal se poursuivre normalement, car une chatte qui n'a jamais porté court un plus grand risque de développer un jour des kystes ovariens.

La stérilisation

La stérilisation (ou ovario-hystérectomie) consiste à retirer chirurgicalement les ovaires et l'utérus sous anesthésie générale. Cette opération n'est pas plus risquée que l'ablation de l'appendice chez l'homme. Il faut prendre les points suivants en considération :

- Le chaton doit être âgé d'au moins trois mois (cette chirurgie se pratique généralement à l'âge de six mois).
- Il ne faut pas stériliser une chatte gestante de plus d'un mois, sauf pour raisons médicales.
- Il faut éviter de stériliser une chatte pendant ses chaleurs, car le taux élevé d'œstrogènes augmente le risque de saignements.

La pilule

La pilule contraceptive spécialement destinée aux chats représente une alternative à la stérilisation chirurgicale. Il est préférable de n'y avoir recours que pendant de courtes périodes, d'une part à cause du risque important de pathologies utérines en cas d'utilisation prolongée, et d'autre part parce qu'elle augmente l'appétit et favorise donc une prise de poids indésirable. La pilule est contre-indiquée chez les chats souffrant de diabète.

La castration

La castration du chat mâle offre plusieurs avantages :

- Elle permet d'exercer une certaine régulation des naissances en limitant le nombre de chatons non désirés. Elle empêche également le chat de harceler les femelles du voisinage.
- Elle limite les risques de fugues et de bagarres avec les autres chats.
- Elle fait disparaître l'odeur particulièrement tenace des urines répandues par marquage.

Tout chat mâle non destiné à la reproduction devrait être castré dès l'âge de six mois.

La stérilisation est-elle cruelle ?

Pourquoi dois-je faire opérer mon chat ?

Certains prétendent que la stérilisation est cruelle et contre nature. Que faut-il en penser ? Faire stériliser le chat se révèle en fait généralement aussi avantageux pour lui que pour son propriétaire.

La chirurgie

Les procédures chirurgicales de stérilisation, chez la femelle, et de castration, chez le mâle, ne sont absolument pas cruelles. Les excellents produits anesthésiques actuels permettent d'éviter toute douleur et les complications sont extrêmement rares. Le chat se remet très vite de l'opération.

Les avantages

Le chat a moins tendance à vagabonder et à s'attirer des ennuis lorsqu'il est castré ou stérilisé. Le risque de voir votre jardin et votre maison visités par les matous du voisinage est aussi moindre (voir pages 84-85).

La santé du chat stérilisé est souvent meilleure que celle des autres chats. La femelle échappe aux problèmes gynécologiques touchant fréquemment les minettes plus âgées. En outre, l'incidence des morsures entre chats, suivies de la formation d'abcès, diminue.

En faisant opérer nos amis les chats, nous agissons avec humanité et dans leur intérêt à long terme. Si vous avez encore des doutes à ce sujet, n'hésitez pas à en parler avec votre vétérinaire ou avec un membre d'une association de défense des animaux.

La visite du gros matou

Comment repousser ses avances ?

Si vous possédez une minette et que, de surcroît, elle n'est pas encore stérilisée, vous risquez fort de faire bientôt la connaissance du matou du quartier.

Un visiteur indésirable

Convaincu d'être le plus beau parti des environs, ce chat n'hésite pas à venir jusque chez vous et à marquer copieusement le seuil de votre porte, les appuis de fenêtre et, si possible, l'intérieur de votre maison de son urine malodorante. Seule la reproduction l'intéresse, c'est pourquoi il n'hésite pas à considérer que votre jeune minette, dès sa puberté, fait partie des femelles disponibles de son territoire.

Que votre chatte soit ou non sensible à son charme, ce genre de matou ne se le tient pas pour dit et multiplie indéfiniment ses avances.

Comment le faire fuir

Que faire ? En faisant stériliser votre minette, vous réduisez l'attirance qu'elle exerce sur les mâles, mais vous n'empêchez pas nécessairement le matou d'envahir son territoire.

Répandez un liquide très odorant (du désinfectant, par exemple, mais pas d'eau de Javel, car elle attire les chats !) ou, mieux encore, à base d'huile essentielle de citronnelle aux endroits marqués par le matou. Si ce chat ose rentrer chez vous par la chatière, vous pouvez remplacer cette dernière par un modèle que seul votre chat peut commander grâce à sa puce électronique ou à un médaillon spécial fixé à son collier. Ces types de chatière sont disponibles en animalerie et sur Internet.

Dans la plupart des cas, il est inutile de demander au propriétaire du matou d'essayer de le dissuader de vous rendre visite.

Le visiteur indésirable prend parfois même l'habitude de voler la nourriture de votre chaton. Il risque aussi d'encourager les autres chats du voisinage à se promener sur le territoire de votre propre chat. Efforcez-vous donc de prendre le mal à la racine sans tarder en mettant en pratique les quelques conseils de dans ce chapitre.

Les races de chats

Une incroyable variété

Au fur et à mesure de la croissance de votre chaton, vous voyez s'affirmer les caractéristiques spécifiques de la race à laquelle il appartient. Cette transformation est toujours source d'étonnement.

Avant d'opter pour l'une ou l'autre race en particulier, consultez les ouvrages et sites Web qui leur sont consacrés. Il existe tellement de races que nous devons nous borner à n'en citer que quelques-unes.

Les races à poil long

Les chats persans et apparentés forment la grande majorité des races à poil long. Ils font d'excellents chats d'intérieur. La mue permanente et la nécessité d'un toilettage quotidien sont les principaux désavantages de ce type de chats. D'autres chats à longs poils, tels les Maine Coon, les Birmans et les Chats des forêts norvégiennes, sont des animaux robustes au caractère plus extraverti, qui prennent plaisir à s'aventurer à l'extérieur.

Les races à poil court

Le chat à poil court demande beaucoup moins d'entretien que son cousin à poil long. Il se débrouille relativement bien tout seul et n'exige pas de brossage quotidien. Il existe des races de chats à poil court d'origines britannique, américaine et européenne dans une multitude de couleurs différentes. Le British Shorthair, très affectueux, est en général facile à vivre, calme et intelligent. L'European Shorthair fait aussi un excellent compagnon malgré son tempérament plus indépendant. Ce chat est relativement silencieux, et se contente parfois de mimiques de miaulements. Les chats appartenant à certaines races orientales, et le Siamois en particulier, sont par contre incroyablement exigeants, au point de

se manifester par le biais de miaulements stridents.

Les chats de type Rex (le Devon, le Cornish et le Selkirk) sont très fidèles. Les personnes allergiques aux chats les tolèrent souvent assez bien grâce à leur pelage peu fourni.

Le Korat, originaire de Thaïlande, est un joli chat gris-argent à la fois doux et intelligent. Très joueur, il fait un très bon compagnon pour un enfant.

Le Bleu russe est assez calme et si discret qu'il est parfois difficile de savoir quand la femelle est en chaleur.

La race la plus étonnante est sans conteste le Sphinx, un chat nu apparu en Amérique du Nord vers 1960. C'est un chat tendre et affectueux, qu'il faut protéger du froid en hiver.

Races hybrides

Si votre chat vient d'un refuge pour animaux, il est probablement issu d'un mélange entre plusieurs races. Quels que soient ses ancêtres et ses origines, il est tout aussi beau et intelligent qu'un chat de race pure. Cette combinaison génétique très diversifiée lui permet d'ailleurs de bénéficier des avantages de la « vigueur hybride », et de pouvoir vivre et demeurer en bonne santé plus longtemps que bien des chats de la haute société féline.

Tant de choses à apprendre

Comment le chat apprend-il ?

Le chaton à l'école maternelle

Lorsque vous comprenez comment fonctionne l'apprentissage chez le chaton, vous vous épargnez bien des tracas une fois le moment de commencer son éducation arrivé.

L'instinct et l'expérience

Pour apprendre, le chat se base à la fois sur son instinct et sur l'expérience. L'expérience lui enseigne qu'il peut ouvrir une porte en sautant sur la poignée, et faire accourir son domestique (vous !) en actionnant le heurtoir ou la sonnette de la porte d'entrée dès qu'il veut rentrer. Le chat éduque son maître, c'est bien connu !

Les techniques de chasse font partie des comportements copiés sur la mère. Certaines caractéristiques génétiques héritées des ancêtres interviennent parfois, mais on ne peut pas parler d'instinct au sens propre. En effet, une mère très bonne chasseuse transmet souvent ses talents à sa progéniture, alors qu'un chaton sans frère ni sœur ou dont la mère ne chasse pas n'apprend jamais à chasser par lui-même.

L'importance d'un bon départ

L'acquisition des bases du comportement social et des facultés d'apprentissage a principalement lieu au cours des deux premiers mois de la vie du chaton. Pendant cette période, le chaton s'attache à ses semblables, s'applique à les imiter et noue si possible ses premiers liens avec l'homme. Aussi longtemps que vous n'intervenez pas dans son éducation, le chaton se concentre sur l'apprentissage de ce qui lui sera utile dans sa vie de tous les jours : se procurer de la nourriture, délimiter clairement son territoire par rapport aux autres chats, dénicher l'endroit le plus confortable pour faire la sieste, etc.

L'école du jeu

Comme chacun sait, le chaton adore jouer. En plus d'être divertissante, cette activité joue un rôle important dans le processus d'apprentissage. En jouant, le chaton découvre le monde qui l'entoure et les lois physiques qui le régissent. Le jeu lui permet d'apprendre à bien planifier et diriger ses attaques, à courir derrière une proie, l'intercepter sous le meilleur angle, la déplacer, à calculer la force à déployer pour bondir et atterrir à l'endroit voulu, et à acquérir encore bien d'autres aptitudes nécessaires au quotidien.

Pour éduquer un chat, il est indispensable de passer par le jeu afin de joindre l'utile à l'agréable autant pour lui que pour vous.

Les méthodes éducatives

Les bases de l'éducation

Beaucoup de gens croient que, contrairement au chien, le chat ne peut pas être éduqué. Il est vrai qu'on ne voit jamais de chat policier, de course de chats, de chat de traîneau ou de chat de berger. Cet animal intelligent peut et doit cependant, d'une manière ou d'une autre, recevoir une éducation.

Comment motiver un chat

Le chat est dans l'ensemble beaucoup plus indépendant que le chien et ne voit absolument pas l'intérêt de faire quoi que ce soit simplement en échange des félicitations de son maître. C'est un matérialiste qui compte fermement sur quelques récompenses bien concrètes quand il est obligé d'apprendre quelque chose. En d'autres mots, il veut de la *nourriture*. Cela ne signifie bien sûr pas que vous devez priver votre chat de manger aussi longtemps qu'il ne fait pas correctement ce que vous lui demandez. L'idéal est plutôt d'utiliser des friandises bien distinctes de la nourriture que reçoit normalement le chaton. Faites donc provision de friandises : prenez par exemple des petits dés de fromage, de jambon, ou des crevettes. Si votre chaton n'est pas très intéressé par la nourriture, récompensez-le plutôt par un moment de jeu.

Un apprentissage précoce

L'éducation du chat doit commencer dès son arrivée chez vous. Habituez-le à suivre une routine quotidienne en essayant de le nourrir, de le toiletter et de lui proposer des séances éducatives à heures fixes.

Adoptez une approche compatible avec sa personnalité. Dans un premier temps, votre objectif est avant tout de l'habituer à jouer avec vous et à s'intéresser aux gens : le chaton doit toujours trouver cela amusant. Le chaton peureux et le chaton social ont des réactions très différentes. N'hésitez donc pas à mettre un terme à la séance éducative si vous avez l'impression que le chaton manifeste des signes de stress. Souvenez-vous que l'éducation et le jeu doivent rester synonymes de plaisir partagé.

L'apprentissage se base sur le « renforcement positif » en ce qui concerne les actions à encourager : utilisation de la litière, de la chatière et répondre à son nom, par exemple. Le « renforcement négatif » intervient pour mettre un terme aux actions non désirées : grimper aux rideaux, gratter la porte, etc.

Dès que votre chaton a bien assimilé ces règles de base, vous pouvez envisager de lui apprendre quelques tours : s'asseoir ou faire le beau, par exemple.

Il est indispensable de faire preuve de beaucoup de patience tout au long de l'éducation du chaton. Mais les résultats sont garantis !

L'apprentissage de la propreté

À l'intérieur et à l'extérieur

Le chat est généralement propre par nature, mais pour pouvoir l'être aussi dans le cadre de la cohabitation avec l'homme, il doit pouvoir accéder facilement au jardin par le biais d'une chatière ou disposer de bacs à litière dans la maison.

Ne pas perdre un instant

Le chaton doit apprendre à être propre le plus tôt possible, de préférence dès l'âge de trois à quatre semaines, quand il commence à se nourrir d'aliments solides. La plupart des chatons s'éduquent facilement, car ils ont en principe pu voir leur mère utiliser le bac à litière. Un chaton prêt à uriner se reconnaît facilement : il s'accroupit, dresse la queue, et regarde devant lui d'un air concentré. Dès que vous le voyez faire, attrapez-le doucement, mais fermement et posez-le aussitôt dans la litière.

Si le chaton vous prend de vitesse et fait ses besoins sur le sol, ne lui mettez jamais le nez dans ses déjections. Il est en effet incapable d'associer cette punition injuste avec l'acte qu'il a commis. Nettoyez soigneusement les dégâts avec du désinfectant (en évitant l'eau de Javel) pour ôter les odeurs et les taches. Ne frappez jamais votre chaton s'il ne se soulage pas là où il faut, ou fait une autre bêtise.

Durant les quelques premiers jours qui suivent l'arrivée de votre chaton, posez-le régulièrement dans le bac à litière : il ne tardera pas à comprendre ce que vous attendez de lui.

Le bac à litière

Un simple bac à litière convient à la plupart des chats. Vous pouvez néanmoins acheter un modèle couvert, en particulier si votre chat est stressé. Le couvercle permet de plus de limiter la diffusion des mauvaises odeurs. Vous trouverez tous ces articles sur Internet et en animalerie.

Dans le fond du bac à litière, disposez des journaux ou un tapis en plastique, puis recouvrez le tout d'environ 4 cm de litière. Les litières végétales et minérales sont à préférer à la sciure de bois. Le chat nerveux ou inquiet préfère souvent la litière agglomérante.

Placez le bac à litière à un endroit facile d'accès et évitez de le déménager par la suite pour ne pas perturber votre chaton.

Nettoyez quotidiennement la litière et désinfectez-la une fois par semaine avec un détergent classique, en prenant toutefois garde d'éviter les produits contenant des phénols ou des dérivés de goudron, car ils sont toxiques pour le chat et risquent d'être absorbés par la peau.

Si votre chat, autrefois propre, se met brusquement à faire ses besoins dans la maison, référez-vous aux pages 116-117.

LES BACS À LITIÈRE

Les chats qui vivent en permanence à l'intérieur ou restent enfermés à la maison pendant de longs moments doivent avoir accès à un bac à litière.

Premiers pas à l'extérieur

Votre chaton s'aventure dans le jardin

Il est préférable de garder strictement votre chaton à l'intérieur durant les deux à trois jours qui suivent son arrivée. Vous pouvez ensuite commencer à l'habituer progressivement au monde extérieur.

Les précautions à prendre

S'il fait beau et qu'il ne pleut pas, votre chaton peut faire sa première excursion dans le jardin, mais uniquement sous votre surveillance constante. Retirez préalablement tout ce qui pourrait constituer un danger potentiel pour le chat : produits chimiques, pesticides, outils de jardinage tranchants, etc. Installez si possible de solides filets en plastique (de préférence ceux utilisés pour les plantes grimpantes) le long des murs et des clôtures pour éviter que le chaton ne s'échappe et ne se perde, d'autant plus qu'il ne connaît pas encore les environs. Lorsqu'il se sera bien familiarisé avec son nouvel environnement, vous pourrez ôter ces protections.

Vous trouverez à la page 129 une liste des plantes potentiellement toxiques pour les chats. Il y a peu de risque que votre chaton y goûte ou les lèche, mais on ne sait jamais : soyez donc vigilant dès le départ pour éviter tout risque d'intoxication.

Supervisez les premières sorties de votre chaton en restant dans le jardin avec lui. Il peut être intéressant d'autoriser ces excursions avant l'heure des repas, afin que le chaton soit content de rentrer. N'hésitez pas à lui offrir quelques friandises supplémen-

taires quand il réintègre le domicile, pour renforcer encore davantage sa motivation.

Veillez à ce que tous les membres de votre famille sachent que certains produits chimiques, et en particulier les pesticides, sont particulièrement toxiques pour les chats, et qu'ils évitent de les utiliser chez vous.

LES PIÈCES D'EAU

Pensez à couvrir votre pièce d'eau à l'aide d'un filet adapté ou, si vous préférez, entourez-la d'un grillage. Les pièces d'eau sont particulièrement dangereuses pour les chatons et les jeunes chats. Si vous envisagez d'en construire une, évitez les modèles à parois trop verticales et optez pour des bords en pente douce que votre chaton pourra escalader en cas de plongeon accidentel.

Le choix d'un nom

Comment allez-vous baptiser votre chaton ?

Choisir un nom convenable pour le chaton se révèle parfois un peu compliqué. Il s'agit pourtant d'une étape indispensable, car le chat doit savoir comment il s'appelle et répondre à son nom de manière appropriée le plus tôt possible.

Bien choisir

N'oubliez pas que le nom de votre chaton doit être facile à prononcer clairement, quelle que soit sa longueur. Les noms composés d'une seule syllabe sont évidemment les plus simples à utiliser, quoique des noms de deux à trois syllabes conviennent également. Vous mettrez peut-être alors plus particulièrement l'accent sur l'une de ces syllabes. Vous pouvez aussi trouver un surnom plus court et plus pratique en cas de nom très long, comme vous en rencontrerez chez les chats de race. Votre vétérinaire peut éventuellement vous remettre une liste d'exemples de noms, à moins que vous ne préfériez consulter les listes de suggestions pour humains. Votre chaton doit de toute façon être baptisé.

Et après ?

Il est extrêmement aisé d'apprendre au chaton à reconnaître son nom, et la plupart des propriétaires le font tout naturellement sans même en être conscients.

Appelez fréquemment votre chat par son nom au moment des repas et quand vous vous apprêtez à lui offrir une friandise. Utilisez-le pendant le jeu, et aussi lors des séances de toilettage. La répétition du nom importe plus que le ton de votre voix. Votre chaton ne tardera pas à dresser les oreilles et à vous regarder quand il entendra ce nom. Bientôt, pour peu qu'il ne soit pas plongé dans une activité passionnante, comme manger ou renifler une odeur intéressante, il se dirigera automatiquement vers vous, même s'il n'a pas encore appris l'ordre « viens ici ».

Apprendre à votre chaton à reconnaître son nom n'est pas un luxe inutile. En effet, bon nombre de chats sont sauvés d'une situation périlleuse, et en particulier s'ils sont coincés ou enfermés quelque part, parce qu'ils miaulent désespérément au moment où leur maître les appelle.

Le renforcement positif

L'apprentissage par la récompense

Tout comme le chien ou le dauphin, le chat s'éduque par le biais du renforcement positif. Là où un dauphin reçoit un poisson entier, le chat préfère l'une ou l'autre petite friandise appétissante.

Signaux et techniques

La technique de renforcement positif consiste à donner une récompense, sous la forme d'une friandise, quand le chat fait ce que vous lui avez demandé. Au même moment, vous utilisez le mot ou le son (aussi appelé « bridge » ou « pont ») qui établit la relation entre l'action et la récompense dans l'esprit du chat.

Vous ordonnez donc à votre chat de faire quelque chose et, sitôt la tâche effectuée, vous lui donnez le signal de relation, suivi de la récompense. Parmi les erreurs éducatives les plus fréquentes (quelle que soit l'espèce animale), citons le délai trop long entre l'action et le signal de relation (« Très bien ! Voici ta récompense ! »).

De nombreux éducateurs préfèrent avoir recours au son produit par un petit appareil nommé « clicker », qui se tient entre le pouce et l'index. Les clickers vendus en ligne et en animalerie sont fréquemment utilisés dans l'éducation des chiens. Il en existe de petits modèles mieux adaptés au travail avec les chats. Lors de toute séance éducative, n'oubliez pas d'observer attentivement votre chaton et de mettre immédiatement fin à la séance s'il paraît mal à l'aise. Le chat ayant des oreilles très sensibles, changez de tactique de dressage si vous avez l'impression que le bruit du clicker l'effraie.

Vous pouvez organiser jusqu'à trois séances éducatives par jour, dans un endroit calme, à l'écart des autres personnes et animaux, mais ne pas les laisser se prolonger pendant plus de cinq minutes. Munissez-vous d'un nombre de friandises suffisant, car les résultats sont souvent meilleurs quand le chat a faim.

Souvenez-vous que le chat ne vous obéira que s'il le veut bien. S'il n'a pas envie de faire quelque chose, aucune méthode éducative ne parviendra à le convaincre.

1 Cliquez et récompensez le chat avant même qu'il ait fait quoi que ce soit. Recommencez encore et encore, jusqu'à ce que le chat associe le clic à la récompense.

2 Appâtez votre chaton à l'aide d'une friandise et donnez-lui un ordre («viens ici», par exemple). Cliquez et récompensez s'il obéit. Recommencez plusieurs fois. Le chat fera progressivement la relation entre l'ordre, le signal et la récompense.

3 Essayez à présent d'utiliser l'ordre seul, sans attirer le chat avec la nourriture. S'il s'approche un peu, cliquez et récompensez quand même, pour l'encourager à faire mieux. Il finira par comprendre ce que l'ordre signifie, et qu'il s'accompagne d'un clic et d'une récompense éventuelle.

La chatière

La voie de la liberté

La chatière est un accessoire précieux. En plus de permettre à votre chat d'entrer et sortir de la maison à son gré, elle vous offre la possibilité de contrôler ses allées et venues et, plus important encore, d'empêcher que des visiteurs indésirables ne s'introduisent chez vous.

L'utilisation de la chatière

Votre chaton doit apprendre à utiliser la chatière. De prime abord, son instinct ne lui dit pas à quoi elle sert ni comment la faire fonctionner. Il vous faut donc à nouveau faire preuve d'un peu de patience.

L'objectif, généralement assez facile à atteindre, est d'aider votre chat à comprendre que la chatière lui permet à la fois d'aller explorer le monde extérieur quand il le souhaite et de retrouver le confort de la maison, la gamelle, la sécurité et son propriétaire à son retour. C'est pour cette raison qu'au cours de son éducation, il est particulièrement important que vous lui proposiez de la nourriture, des friandises et des câlins dès qu'il rentre.

N'empoignez pas votre chaton pour le faire passer à travers la chatière, car il risque de ne pas apprécier ce genre de manipulation. Au lieu de ça, utilisez une cale ou un morceau d'adhésif pour bloquer la chatière en position ouverte, puis laissez le chaton observer l'orifice et ce qui se trouve de l'autre côté. Il essaiera alors de sortir quand bon lui semble.

Encouragez plutôt le chat à rentrer à la maison par la chatière au lieu de le faire sortir. Attirez-le à l'intérieur en mettant des friandises ou ses jouets à sa disposition. Ensuite, abaissez progressivement le clapet de la chatière pour que le chat soit obligé de le pousser et de l'ouvrir complètement à l'aide de sa tête ou de sa patte.

Certains chatons mettent plus de temps à comprendre que d'autres, mais une semaine suffit généralement. Soyez patient et gardez votre calme le temps qu'il faudra.

En promenade

Balade en laisse

Il est assez rare de voir un chat se promener en laisse comme un chien. Malgré sa nature indépendante et son goût marqué pour la liberté d'aller où bon lui semble, le chat peut néanmoins apprendre à apprécier ce genre de sorties.

Certaines races se prêtent mieux aux balades en laisse que d'autres. Le Bleu russe et de nombreux chats Siamois et Birmans s'éduquent relativement bien à ce genre de promenades, alors que les Persans ne les apprécient guère.

Ne pas perdre de temps

Si vous décidez d'apprendre à votre chat à marcher en laisse, commencez son éducation quand il est encore un petit chaton. La laisse doit être fixée à un harnais, et non au collier. Habituez d'abord le chaton au harnais en lui mettant pendant de courts moments à la maison, sans y attacher la laisse ou déjà vous efforcer de le diriger dans l'une ou l'autre direction. Ne précipitez pas les choses, car l'éducation est avant tout une question de patience.

Lorsque le chaton ne fait plus attention au harnais et n'essaie pas de l'ôter avec ses pattes, vous pouvez y fixer la laisse. Utilisez une laisse fine et légère, prévue pour les chats et les tout petits chiens. Évitez les laisses en cuir épais : votre chaton n'est pas un Rottweiler !

Laissez votre chat se promener dans la maison en traînant la laisse derrière lui. Faites attention à ce qu'elle ne reste pas coincée contre un meuble et que personne ne marche dessus. Augmentez progressivement la période pendant laquelle vous fixez la laisse au harnais.

Dès que le chat supporte la laisse pendant de longs moments, commencez à saisir la laisse et à accompagner votre chaton pour de petites promenades à l'intérieur de la maison, puis dans le jardin quand il fait beau. Ne tirez pas brusquement sur la laisse et ne vous en servez jamais pour traîner le chat derrière vous. Avec le temps, votre chaton apprendra à comprendre et apprécier les balades que vous lui proposez. N'insistez toutefois pas si cela l'effraie ou s'il ne se sent pas en sécurité quand il est incapable de s'enfuir s'il le souhaite.

Loin de la maison

Pour ce qui est des promenades loin de la maison, dans la rue ou dans la campagne, c'est une autre affaire. La soudaine apparition d'un chien curieux ou d'un chat étranger peut semer la panique. Soyez toujours prêt à prendre votre chat dans vos bras. Si vous allez vous promener dans un parc, apportez le panier du chat avec vous, afin qu'il puisse s'y réfugier en cas d'imprévu. Promener votre chat en laisse peut également s'avérer utile pour explorer des lieux inconnus, en particulier s'il vous accompagne en vacances.

Reste là, minou !

Comment arrêter le chaton

Il est parfois bien utile d'être capable de stopper le chat dans sa lancée s'il s'approche par exemple d'une flaque d'antigel dans le garage, ou du poisson que vous venez de cuisiner pour le dîner.

Cet ordre est très facile à enseigner à votre chaton. Tout ce dont vous avez besoin, c'est d'un endroit calme, d'une table, d'une chaise, d'un bon stock de friandises et... du chat, bien entendu. Il vaut mieux programmer les séances éducatives avant l'heure des repas, c'est-à-dire quand le chaton a faim.

Il ne faut pas organiser plus de deux à trois séances éducatives de quatre à cinq minutes chacune par jour. À la fin, le chat obéira spontanément à vos ordres, sans qu'une récompense soit nécessaire.

ÉDUQUER SANS CRUAUTÉ

N'oubliez jamais qu'un chat s'éduque exclusivement à force de douceur, sans exercer aucune contrainte. Renforcez le bon comportement de votre chaton à l'aide de friandises et de félicitations.

De la même manière, vous pouvez apprendre à votre chaton à s'asseoir sur commande, en le mettant sur la table, en appuyant tout doucement sur son derrière s'il ne s'assied pas automatiquement, en disant « assis » (en insistant sur le « sss »), suivi du nom du chat et d'une récompense.

1 Posez le chat sur la table et asseyez-vous en face de lui. Ne le regardez pas fixement dans les yeux. Clignez lentement des paupières pour le mettre à l'aise. Le chat finira par s'asseoir ou se mettre debout, vous regarder, puis détourner les yeux, faire demi-tour et commencer à s'éloigner.

2 Aussitôt, appelez-le par son nom, suivi de « reste ». Mettez votre main ouverte devant lui, à environ 30 cm de son visage. Traînez sur l'ordre « reste » en allongeant le « r ». Veillez toutefois à ce que le chat ne confonde pas le « rrr » avec un grognement menaçant.

3 Si le chat s'arrête immédiatement, exclamez-vous « C'est bien », suivi de son nom puis d'une friandise en guise de récompense. Ensuite, reprenez depuis le début.

Viens, minou !

Comment le faire venir (parfois) à votre appel

Dès que votre chat obéit à l'ordre « reste », vous pouvez lui apprendre à venir sur commande. En plus d'être parfois utile à l'intérieur de la maison, cet ordre vous permettra aussi de l'inviter à rentrer quand il est à l'extérieur.

Dès que le chaton a compris la relation existant entre l'ordre reçu et la récompense qui l'accompagne, il est prêt à assimiler d'autres variantes de la même technique. Cette fois, pas besoin de table ni de chaise : un endroit calme et une provision de friandises suffisent.

Les séances éducatives ne doivent pas durer plus de cinq minutes, deux à trois fois par jour. Surveillez les réactions de votre chaton pour être certain qu'il y prend plaisir. Clôturez chaque séance par des câlins

Si votre chat aime aller dehors, profitez-en pour renforcer positivement l'ordre « viens » en le laissant sortir environ une demi-heure avant l'heure du repas, puis en l'appelant dès que le repas est servi. Veillez à ce que la nourriture soit à sa disposition aussitôt qu'il franchit la porte ou rentre par la chatière et, bien entendu, félicitez-le chaleureusement. En dehors des heures de repas, n'hésitez pas à appeler aussi le chat et à le récompenser par une délicieuse friandise.

PATIENCE

Lors des séances éducatives, ne laissez jamais percer une nuance de colère ou d'exaspération. Ne le réprimandez jamais. Donnez l'impression d'être sans cesse calme et satisfait.

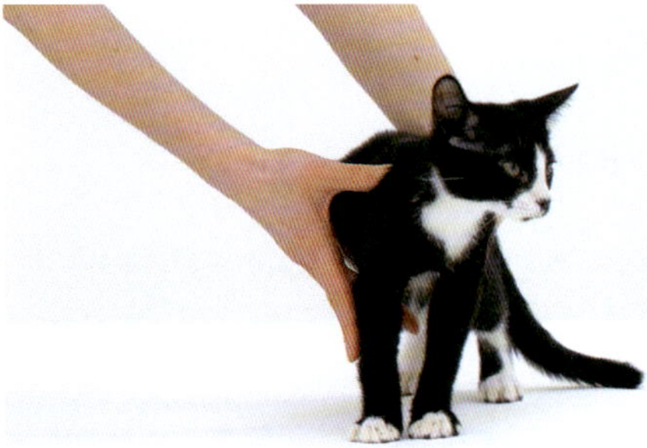

1 Mettez votre chat sur le sol, donnez-lui l'ordre « reste » puis, dès qu'il est assis ou couché tranquillement, éloignez-vous et arrêtez-vous à environ 2 mètres de lui.

2 Attendez quelques secondes puis dites-lui « viens » d'un ton joyeux, suivi de son nom.

3 S'il obtempère, récompensez-le à l'aide d'une friandise, de caresses et de félicitations. Recommencez l'exercice depuis le début, en attendant un peu plus longtemps avant de lui donner l'ordre « viens ».

Fais le beau, minou !

Un comportement charmant

Lorsque votre chaton connaît les ordres « reste » et « viens », vous pouvez lui apprendre à vous faire craquer en faisant le beau. Par la suite, il peut adopter cette position élégante chaque fois que vous lui offrez une friandise.

Vous pouvez apprendre ce tour à votre chat quelle que soit sa race, bien que les races à poil court soient en général les meilleurs élèves dans ce domaine. Imaginez votre satisfaction quand vous verrez votre chat « faire le beau » sans que personne le lui ait demandé, mais uniquement parce qu'il compte bien sur vous pour recevoir une friandise.

Organisez les séances éducatives à différents endroits de votre maison, et même dans le jardin quand il fait beau. Votre chat ne tardera pas à faire le beau sur commande. N'en abusez toutefois pas, car il risque de se demander ensuite si c'est bien utile. N'oubliez pas que le chat veut toujours savoir dans quel but il doit faire quelque chose.

Assurez-vous donc d'avoir des friandises à portée de main, puis intimez au chaton l'ordre de s'asseoir et de rester. Attention, en enseignant ce tour à votre chat, vous risquez de voir ce comportement apparaître chaque fois que de la nourriture se trouve à proximité. Si cela vous inquiète, essayez plutôt de le récompenser à l'aide d'un jouet. Les jouets remplis d'herbe à chat sont souvent les plus efficaces.

ÉDUQUER PAR LA RÉCOMPENSE

Malgré son tempérament indépendant, le chat peut accepter de recevoir un minimum d'éducation en échange de friandises. N'oubliez jamais que chaque chat est susceptible de réagir différemment en fonction de son caractère.

1 Disposez quelques friandises sur une assiette ou dans votre main, et laissez le chaton les voir et les renifler avec envie.

2 Levez les friandises en haut et en avant de la tête du chat, afin qu'elles restent hors de portée même s'il étend le cou. Pendant ce temps, dites-lui « fais le beau », suivi de son nom. Veillez à ne pas énerver votre chaton, et mettez fin à la séance s'il paraît mal à l'aise.

3 Tôt ou tard, votre chat essaiera d'attraper la friandise avec ses pattes. Aussitôt, dites-lui « c'est bien », suivi de son nom et d'une friandise. S'il ne lève qu'une patte, abaissez un peu la friandise pour l'encourager à se servir des deux. Recommencez l'exercice, sans dépasser cinq minutes par séance deux à trois fois par jour.

Comportements à problème

Cartes de visite indésirables

Le marquage inapproprié

Le chat a pour coutume d'utiliser le marquage urinaire et le dépôt d'excréments pour délimiter son territoire. Tout va bien tant qu'il se contente de le faire dehors, même si vos voisins n'apprécient pas forcément que le chat souille leur pelouse. Mais que faire si le chat se met à faire ses besoins dans la maison, et en particulier sur votre fauteuil favori ?

Identifier la cause

Il est souvent difficile d'identifier avec certitude l'élément déclencheur de ce comportement. Dans la plupart des cas, il survient lorsque pour une raison ou une autre, le chat est stressé ou inquiet. Il peut s'agir de l'arrivée d'un bébé, d'un autre animal domestique ou de l'intrusion d'un chat étranger par la chatière. Lorsque plusieurs chats cohabitent dans une même maison, il existe parfois des conflits hiérarchiques entre mâles. En règle générale, l'origine du problème est souvent liée au territoire.

Si vous parvenez à identifier la cause de ce comportement non désiré, vous pouvez essayer de prendre les mesures qui s'imposent pour en venir à bout. Ne punissez jamais le chat de quelque manière que ce soit, car cela ne ferait qu'accroître son stress et son anxiété.

Résoudre le problème

Une fois qu'il a marqué un endroit de la maison de son odeur, le chat a tendance à vouloir venir la raviver régulièrement. Vous devez donc nettoyer cet endroit à fond. De préférence, utilisez d'abord un détergent biologique et de l'eau chaude, laissez sécher, puis frottez vigoureusement la zone avec de l'alcool à 90°. N'utilisez pas de détergent à base de chlore ou d'ammoniaque, car l'urine du chat en contient, et ce dernier risquerait d'y voir une invitation à recommencer !

Lorsque vous avez bien nettoyé l'endroit souillé, renforcez le sentiment territorial du chat en disposant ses gamelles, son panier et ses jouets favoris à proximité. Vous pouvez également passer un chiffon sur la tête de votre chat pour l'imprégner de son odeur, puis frotter ce chiffon à l'emplacement précédemment marqué. Ce faisant, vous aidez le chat à comprendre que ce territoire lui appartient et qu'il n'est pas nécessaire qu'il le marque à nouveau.

Des besoins dans la maison

Un problème avec la litière ?

Par nature, le chat est un animal propre et délicat. Il peut cependant lui arriver d'uriner ou de déféquer à l'intérieur de la maison alors qu'un bac à litière est à sa disposition.

L'éducation à la propreté

Le chaton qui n'utilise pas sa litière est trop jeune pour qu'il s'agisse d'un problème territorial conduisant à un comportement de marquage (voir pages 118-119). Le chat n'a peut-être pas été correctement éduqué à la propreté, ou ne parvient pas encore à utiliser la chatière pour sortir. En cas d'absence de chatière, il est possible que le chaton ne réussisse pas à vous signaler qu'il doit aller dehors.

Si votre chat est habitué à toujours faire ses besoins à l'extérieur, il n'a pas coutume d'utiliser la litière. Vous risquez alors de découvrir un jour qu'il se soulage n'importe où à l'intérieur quand il pleut à torrents ou que le redoutable matou du voisinage se promène dans votre jardin.

Entretien de la litière

Les problèmes de malpropreté sont toutefois souvent liés au bac à litière lui-même. N'oubliez pas de placer le bac à un endroit discret, à l'écart des allées et venues, car, pas plus que l'homme, le chat n'aime faire ses besoins devant tout le monde. Évitez aussi de poser le bac à proximité de la chatière, dans le hall d'entrée ou sous les escaliers. La propagation des mauvaises odeurs est limitée quand le bac à litière est muni d'un couvercle (voir pages 94-95). Le chat peut de plus s'isoler tranquillement, sans éparpiller la litière en la grattant de ses pattes arrière lorsqu'il a fini.

Le chat n'aime pas prendre ses repas à proximité des toilettes. De nombreux propriétaires font l'erreur de placer la gamelle de nourriture tout près du bac à litière. Le risque est alors grand de voir le chat refuser de se soulager à l'endroit voulu.

Le type de litière a également son importance. Le chat préfère les textures meubles, dans lesquelles il peut aisément gratter. Après avoir reçu quelquefois la visite du chat, certains types de litière à base de bois ou de papier durcissent et blessent ses coussinets sensibles. Le chat exprime dès lors sa désapprobation en allant se soulager sur votre tapis le plus moelleux. Essayez plusieurs types de litière afin de découvrir laquelle convient le mieux à votre chat.

Le chat malpropre

Les questions à se poser

Parmi les causes qui peuvent expliquer qu'un chat devienne malpropre, citons le stress, les problèmes de territoire, la mauvaise disposition du bac à litière et un type de litière inadéquat. Lisez ce qui suit et voyez de quelle manière vous pouvez aider votre chat.

- Êtes-vous certain qu'il s'agit d'un mauvais comportement et non d'un problème médical touchant le système digestif ou urinaire, et qui nécessite des soins particuliers ? En cas de doute, consultez votre vétérinaire.
- Pouvez-vous identifier l'élément déclencheur de ces incidents et y remédier (voir page 117) ?
- La malpropreté découle-t-elle d'un stress subi à l'intérieur ou à l'extérieur de la maison ? Existe-t-il des conflits territoriaux avec des chats venus du voisinage, ou

avec les autres chats de la maison ? Si c'est le cas, essayez de contourner le problème ou de le faire disparaître. Ne punissez pas votre chat.

- Un membre de votre famille s'en est-il pris au chat ? Un adulte récemment arrivé trouble ou inquiète peut-être votre chat, surtout s'il ne l'apprécie pas. Les jeunes enfants ont également tendance à déranger les chats.
- Le bac à litière a-t-il subi une modification quelconque (voir pages 116-117) ? Le nettoyez-vous régulièrement ? Avez-vous changé de type de litière ?
- Les endroits précédemment souillés par le chat ont-ils été soigneusement nettoyés et désodorisés (voir page 117) ?
- Chacun de vos chats possède-t-il son propre bac à litière ? Le chat aime disposer d'un bac pour son usage personnel. Disposez ces bacs à différents endroits de la maison.
- Quelque chose a-t-il empêché votre chat d'accéder à la litière ? La chatière est-elle coincée ?
- Votre chat a-t-il grossi au point de ne plus pouvoir passer facilement par l'ouverture du bac à litière ? Pensez alors à élargir l'ouverture, à vous procurer un bac à litière plus grand, et à consulter votre vétérinaire afin de mettre votre chat au régime.

De vilains coups de griffes

Quand le chaton s'en prend au mobilier

Le chat aime faire ses griffes à différents endroits de la maison, et en particulier là où il ne faut pas. Il peut vouloir marquer son territoire (voir pages 74-75), ou simplement profiter d'une surface à la texture agréable pour entretenir ses griffes.

Quand il ne fait pas ses griffes sur vos fauteuils, votre chat aime peut-être s'en prendre à votre papier peint...

Les grattoirs

Comment mettre fin à ce type de comportement ? Les poteaux à gratter, les griffoirs et autres blocs en carton épais disponibles en ligne et en animalerie sont là pour ça. Vous pouvez en fabriquer un vous-même en emballant un morceau de bois dans un morceau de moquette ou de toile de jute et, surtout, en l'imprégnant d'extrait d'herbe à chat. Placez ces accessoires aux endroits où le chaton risque de se sentir vulnérable, par exemple près des issues qui donnent sur l'extérieur.

Votre chaton doit apprendre à utiliser ces dispositifs. Dès que vous surprenez le chat sur

LES PROTÈGE-GRIFFES

Aux États-Unis, il existe des capuchons en plastique à coller sur les griffes des chats. Ils empêchent le chat d'obéir à l'instinct naturel qui lui commande de gratter pour marquer son territoire. Mais ces capuchons risquent de se salir lorsque le chat recouvre ses excréments.

le point de gratter le mobilier, attrapez-le et conduisez-le au griffoir. S'il fait ses griffes à l'endroit adéquat, récompensez-le à l'aide d'un signal, clic ou clochette, qu'il comprend et associe avec une friandise (voir pages 100-101), puis donnez-lui une friandise et félicitez-le. Entraînez-le à se servir du griffoir le plus tôt possible. Si vous possédez plusieurs chats, prévoyez plusieurs griffoirs.

Considérée comme une mutilation, l'ablation chirurgicale des griffes est interdite en Europe ainsi que dans plusieurs autres pays du monde. Vous pouvez par contre demander à votre vétérinaire de vous apprendre à couper correctement le bout des griffes trop acérées.

Un chat trop propre

Quand il ne fait plus que ça

Le chat aime être toiletté. Les coups de brosse que vous lui donnez suffisent généralement à le garder propre. Il passe aussi du temps à faire lui-même sa toilette, ainsi qu'à lécher ses congénères quand il cohabite avec d'autres chats. Le toilettage pose cependant parfois problème quand il devient excessif.

Le toilettage excessif

Le toilettage occupe une place importante dans la vie du chat : il lui permet de maintenir son pelage en bon état, de réduire son stress grâce à la libération d'endorphines apaisantes dans le sang, et de renforcer ses relations avec les autres chats et avec les humains.

Ce comportement devient problématique quand le chaton s'y consacre durant presque tout le temps qu'il ne passe pas à manger ou dormir. Le léchage incessant abîme et arrache les poils sur de larges zones. Le chat fait peine à voir quand sa peau apparaît par endroits et que l'inflammation s'installe. L'ingestion de grandes quantités de poils peut conduire à la formation de boules de poils dans l'estomac, en particulier dans les races de chats à poil long. Ces accumulations de poils sont parfois à l'origine d'obstructions intestinales nécessitant une intervention chirurgicale.

Les causes et les solutions

Si votre chat se met à faire sa toilette de manière excessive, consultez d'abord votre vétérinaire pour être certain que le chat ne souffre pas d'une maladie de la peau provoquant de l'irritation.

Lorsqu'aucune maladie de peau ne peut être mise en évidence, il faut à nouveau recherchercher si le stress ou l'anxiété ne sont pas à l'origine de ce comportement anormal. Parmi les causes possibles, citons l'arrivée d'un bébé, d'un autre animal domestique et les aboiements incessants du chien du voisin. Essayez de remédier au problème si vous pensez avoir identifié le facteur déclenchant.

Un chaton qui se toilette sans cesse doit être examiné par le vétérinaire, et parfois ensuite référé à un comportementaliste professionnel.

Une autre mesure importante consiste à permettre à votre chat de jouir d'une plus grande tranquillité. Laissez-le s'installer au sommet ou à l'intérieur d'un placard et, bien entendu, entourez-le de beaucoup d'affection et de câlins.

Si vous possédez un chat à poil long, pensez à le brosser plus souvent afin d'éviter la formation de nœuds et de boules de poils.

Les problèmes liés à l'ennui

Le chat seul à la maison

Certains chats supportent d'être livrés à eux-mêmes pendant huit heures d'affilée, sinon plus. D'autres laissent libre cours à leur imagination et passent leur temps à gratter le mobilier ou à faire leurs besoins dans la maison, quand ils n'expriment pas ouvertement leur désapprobation dès votre retour.

Supporter l'absence

Quand toute la famille part au travail et qu'il est obligé de rester seul à la maison, le chaton éprouve parfois une vive contrariété. Il peut avoir tendance à déprimer, à être moins actif et joueur que d'habitude, ou à réduire sa consommation d'eau et de nourriture. Il peut aussi devenir beaucoup plus exigeant, miauler sans cesse ou même pousser des hurlements.

Comment faire face à ce genre de situation sans céder au découragement ? Mettez de nombreux jouets d'occupation à la disposition de votre chaton, des plateformes à escalader, des boîtes dans lesquelles il peut fouiller, etc. Envisagez également l'adoption d'un autre chat qui lui tiendra compagnie. Parcourez les rayons des animaleries et les sites Internet spécialisés dans le matériel destiné aux chats.

Certaines personnes laissent la radio allumée durant la journée, afin que le chat puisse se distraire en écoutant de la musique douce ou les interventions des animateurs.

Travail psychologique

Le problème peut également être abordé d'un point de vue psychologique. À votre retour du travail, consacrez quinze minutes à jouer avec votre chaton. Ignorez-le ensuite totalement pendant une demi-heure. S'il saute sur vos genoux, reposez-le à terre sans un mot. Une fois ces trente minutes écoulées, comportez-vous à nouveau normalement envers le chat. Le chat va peut-être continuer à essayer d'attirer votre attention à tout prix pendant une à deux semaines de ce régime, avant de comprendre que vous êtes disponible pour lui à certains moments, et qu'il doit être capable de s'occuper tout seul à d'autres.

Ça ne se mange pas !

De curieuses fringales

Le chat aime occasionnellement mâchonner, quand ce n'est pas avaler, des matières et des objets absolument pas comestibles. Prenez les devants et efforcez-vous de mettre fin à ce comportement risquant de nuire gravement à sa santé.

Des goûts étranges

Le chat ingère ainsi notamment des objets en plastique, des élastiques ou du papier, la laine demeurant toutefois son « mets favori » le plus étrange. Quand il a une préférence pour le tissu, il se borne souvent soit à le mâchouiller, soit à le manger. L'amateur de papier n'hésite pas à faire les deux.

Vous imaginez sans mal les divers troubles digestifs régulièrement provoqués par l'ingestion de ces objets, la laine étant le plus redoutable d'entre eux. On croyait autrefois que seuls les chats Siamois s'adonnaient à la mastication de la laine, mais on sait désormais que d'autres races de chats orientaux l'apprécient aussi, ainsi que certains chats de race commune. Si vous voyez un brin de laine dépasser de la bouche ou de l'anus de votre chat (ou des deux côtés), ne tirez surtout pas, sous peine de causer des lésions gravissimes du système digestif ! Consultez immédiatement votre vétérinaire.

Les causes

Le chaton prend parfois cette mauvaise habitude peu de temps après le sevrage, c'est-à-dire vers l'âge de deux à quatre mois. La raison majeure est avant tout vraisemblablement liée au stress de l'adoption et du déménagement, bien que certains facteurs génétiques en soient éventuellement aussi responsables. L'ennui et la frustration y contribuent également (voir pages 124-125).

Les solutions

Ne punissez pas votre chaton. L'idéal est de veiller à ce qu'il n'ait pas accès au moindre objet dangereux. Voici quelques astuces :

- Pulvérisez un produit répulsif inoffensif (disponible en animalerie) sur l'objet du délit.
- Rendez les repas de votre chat plus intéressants, en cachant de la nourriture à différents endroits de la maison, ou en changeant de type de nourriture au profit d'aliments que le chat devra mastiquer davantage.
- Mettez de nombreux jouets à la disposition de votre chat afin de l'inciter à mettre ses talents de chasseur en pratique.

Si le chat s'attaque à vos plantes, reportez-vous aux pages 128-129.

Le chat herbivore

Un jardinier en herbe

Même parfaitement bien nourri, le chat se sent parfois une âme de jardinier et aime grignoter quelques plantes de la maison ou du jardin. Cela peut lui être bénéfique, aussi longtemps qu'il ne s'en prend pas aux plantes toxiques.

Le chat choisit parfois d'aller mâchouiller l'une ou l'autre plante contenant certains composés chimiques susceptibles de l'aider à régurgiter d'éventuelles boules de poils. Il lui arrive aussi de trouver tout simplement leur texture agréable. Vous pouvez empêcher votre chat de mordiller vos plantes d'intérieur en les pulvérisant avec un produit répulsif vendu en animalerie. Il n'est par contre pas toujours possible de traiter les plantes du jardin. Prenez donc garde à ce que votre chaton ne lèche ni ne mâchouille de plantes toxiques (voir pages 96-97).

Son jardin d'intérieur

Si votre chat n'a pas accès à l'extérieur, semez un assortiment de jeunes pousses et mettez-les à sa disposition. Des paquets de graines sont en vente en animalerie, ainsi que des herbes en pot qu'il suffit de repiquer. Voici quelques plantes inoffensives faciles à faire pousser et très appréciées par le chat :

- Les céréales (blé ou avoine)
- Le mouron blanc
- Le tussilage
- L'herbe à chat (cataire, *Nepeta*)
- La sauge
- Le thym

LES PLANTES TOXIQUES

Ne laissez pas votre chaton s'approcher des plantes suivantes, qu'elles se trouvent dans la maison ou dans le jardin, car elles sont toxiques.

- Caladium
- Clématite
- Canne des muets *(Dieffenbachia)*
- Poinsettia *(Euphorbia pulcherrima)*
- Lierre *(Hedera)*
- Cytise *(Laburnum)*
- Pois de senteur *(Lathyrus odoratus)*
- Gui
- Laurier rose *(Nerium oleander)*
- Philodendron
- Laurier-cerise *(Prunus laurocerasus)*
- Rhododendrons et azalées
- Pommier d'amour *(Solanum capsicastrum)*

Le chat boulimique

Un comportement lourd de conséquences

Certaines circonstances font parfois que le chat se met à ingérer des quantités anormales de nourriture et souvent aussi à prendre du poids. Comme chez l'homme, l'obésité du chat est devenue un problème extrêmement préoccupant.

Un appétit insatiable

Le chat convalescent et la chatte qui vient de mettre bas mangent plus que d'habitude, et c'est parfaitement normal. Par contre, il arrive que le chat se mette à manger trop tout en étant en bonne santé, en particulier quand il vit exclusivement à l'intérieur. Il court alors le risque de développer différentes maladies, dont le diabète de type 2.

Les causes possibles

Certaines pathologies peuvent rendre le chat boulimique : les vers, le diabète, les maladies du pancréas et de la thyroïde sont autant de facteurs susceptibles de modifier le comportement alimentaire. Citons l'exemple du chat Spice, un matou roux et blanc qui vivait dans le Connecticut et pesait presque 20 kg à cause d'une insuffisance thyroïdienne. Tout chat boulimique doit être présenté au vétérinaire sans délai, afin qu'un traitement puisse être mis en place le plus tôt possible.

Chez le chat sain, les autres causes de boulimie sont l'ennui, le stress et les mauvaises habitudes alimentaires. Jouez le plus souvent possible avec votre chat, distrayez-le et mettez des jouets à sa disposition. Efforcez-vous d'identifier les facteurs de stress qui gâchent éventuellement la vie quotidienne de votre chat (voir pages 116-117 et 124-125) et de les faire disparaître complètement ou ne fût-ce qu'en partie. Ne nourrissez pas votre chat plus de deux fois par jour et retirez la gamelle s'il ne l'a pas terminée en 30 minutes.

Consultez votre vétérinaire et discutez avec lui de la possibilité de faire suivre un régime amaigrissant à votre chat, grâce aux différentes variétés de nourriture allégées disponibles dans le commerce. Encouragez de plus votre chat à faire davantage d'exercice grâce au jeu.

Le chat s'en va

Votre chat déménage

À votre grande consternation, le chat peut décider de faire ses valises et de quitter la maison. Vous étiez pourtant gentil avec lui, vous le nourrissiez consciencieusement et vous vous réjouissiez de le voir s'installer confortablement chaque soir au coin du feu. Pourquoi part-il ?

Même parfaitement apprivoisé, familiarisé avec l'homme et installé chez lui, le chat demeure farouchement indépendant de corps et d'esprit. Parmi les raisons qui peuvent motiver sa décision de partir, citons :

- Les difficultés d'intégration avec les chats du voisinage : vous pouvez en parler avec le propriétaire du chat posant problème. Avec un peu de chance, vous pourrez vous mettre d'accord sur des horaires de sortie qui éviteront à vos chats de se rencontrer.
- L'arrivée d'un bébé ou d'un nouvel animal domestique dans la famille : si cela perturbe votre chat, essayez de lui accorder encore plus d'attention et de moments réservés au jeu.
- Les problèmes d'adaptation liés au déménagement : votre chat veut peut-être retrouver son ancien domicile. Pensez à garder certaines de ses anciennes affaires qui gardent encore son odeur. Ne laissez surtout pas sortir votre chat pendant les deux semaines qui suivent son arrivée dans votre nouveau domicile. Ensuite, autorisez-le à explorer le jardin et faire un peu d'exercice à l'extérieur peu avant l'heure du repas.
- Les problèmes relationnels avec le propriétaire : il arrive qu'un chat câliné à l'excès choisisse de s'en aller. Évitez donc de faire trop attention à lui et laissez-le venir à votre rencontre de sa propre initiative.

Un endroit sûr

Souvenez-vous que le chat est souvent beaucoup plus attaché à son territoire qu'à ses maîtres. Pour avoir vraiment envie de rester chez vous, il faut qu'il soit convaincu de trouver toujours un abri sûr en cas de mauvais temps, des endroits confortables où se reposer sans être dérangé, de la nourriture de qualité et, bien entendu, toute l'affection dont il a besoin. Efforcez-vous donc de lui procurer tout cela, plutôt que de le garder enfermé en permanence par crainte qu'il ne s'en aille.

Castré, moi ?

Quand les hormones refusent de capituler

Malgré la castration, votre chaton continue à s'intéresser aux minettes en chaleur des environs ? Bien qu'étonnant, ce comportement n'est pas rare.

Pourquoi votre chat castré se sent-il obligé de faire la cour aux femelles avec assiduité, et même à s'accoupler avec elles ? Après l'ablation des testicules, la source principale des hormones mâles, le chat castré continue occasionnellement à se comporter en vrai matou quand de très faibles quantités de testostérone restent sécrétées par leurs glandes surrénales. Ce chat ne peut toutefois bien sûr pas féconder les femelles.

Votre minette stérilisée se met à attirer tous les matous des environs alors qu'elle ne présente plus de signes de chaleurs, et se fait harceler au point de ne plus vouloir sortir quand elle risque de les rencontrer ? L'explication de cette attirance est à nouveau à rechercher dans la sécrétion de certaines hormones et la libération d'odeurs à caractère sexuel.

Si vous êtes confronté à cette situation, la seule chose que vous puissiez faire pour votre minette est de protéger au mieux votre jardin contre les intrus à l'aide de treillis et de filets disposés le long des murs et des clôtures.

Pensez à surélever suffisamment ces installations pour que les autres chats ne puissent pas s'introduire dans votre propriété. En dernier recours, vous pouvez aussi choisir de garder en permanence votre minette à l'intérieur de la maison.

L'hypersexualité

Le chat peut souffrir d'hypersexualité. Chez le mâle, c'est d'autant plus fréquent qu'il n'a pas été castré. Des chercheurs ont également mis des symptômes de ce genre en évidence chez le chat trop longtemps privé de sommeil paradoxal (c'est-à-dire le stade du sommeil au cours duquel le chat se met à rêver, tout comme l'homme).

Chez la femelle, l'hypersexualité s'exprime sous la forme de périodes de chaleurs intenses et anormalement fréquentes. Il faut systématiquement rechercher la présence de kystes ovariens. La stérilisation (ou ovario-hystérectomie) met généralement fin au problème (voir pages 80-81). Dans tous les cas, demandez conseil à votre vétérinaire.

Un coup de folie

Quelle mouche a piqué votre chaton ?

Vous savez ce que c'est : un instant, votre chaton dort profondément sur le tapis et l'instant d'après, vous le surprenez à courir comme un fou dans la maison, sans raison particulière.

Malade ou simplement joyeux ?

Regarder le chaton gambader en tout sens et écouter le bruit de ses pattes quand il monte et descend les escaliers est très amusant. Malgré son poids plume, il est capable de faire un vacarme étonnant, surtout si c'est un chat à poil long ou un Birman fermement campé sur des pattes robustes.

Mais pourquoi cette jolie boule de poils explose-t-elle soudain de la sorte ? Il s'agit la plupart du temps de sa manière d'exprimer un trop-plein d'énergie. Il faut toutefois garder à l'esprit que certains comportements étranges sont symptomatiques de différents troubles neurologiques : les intoxications, les déséquilibres hormonaux, les tumeurs cérébrales et les infections (la pire de toutes étant l'infection par le virus de la rage). Ce n'est heureusement pas fréquent.

L'hyperesthésie

Vous avez peut-être déjà rencontré un chat atteint de ce curieux syndrome : tout à coup, la peau du chat est secouée de spasmes, puis le chat sursaute et se met à courir sans but, ou à se mordre et se lécher frénétiquement. Il peut aussi souffrir d'hallucinations et donner l'impression d'être effrayé ou

poursuivi par quelque chose d'invisible. Les scientifiques pensent que ce comportement provient d'une brève altération de l'équilibre chimique dans le cerveau, produisant un effet comparable à celui d'une drogue. Tous les chats présentent à un moment ou à un autre ce genre de comportement, mais en temps normal, ce n'est pas problématique. Votre chat n'est vraisemblablement ni malade, ni fou, et devrait rapidement se calmer et reprendre ses esprits.

Le chat craintif

Le peureux de naissance

Une multitude de raisons peuvent expliquer que votre chaton devienne réservé et tendu. Il est aussi possible que, tout comme chez l'homme, la timidité fasse partie intégrante de sa personnalité dès la naissance.

Le chaton est en général intrépide, aventureux et extraverti. Mais il peut aussi se révéler plus réservé et introverti, et préférer s'isoler en se cachant sous un lit ou dans un carton. S'il est né comme ça, vous ne devez surtout pas le punir, le faire sortir de force de sa cachette et l'obliger à prendre part au tumulte de la vie quotidienne. La contrainte et les réprimandes n'y changeront rien. Armez-vous de douceur et de patience et vous parviendrez à l'amadouer.

Traitements alternatifs

Les médecines alternatives donnent de bons résultats chez de nombreux chats craintifs. Certains vétérinaires prescrivent des remèdes homéopathiques ou des traitements anxiolytiques sans danger ni effets secondaires pour le chat, qui ne risquent pas de provoquer de somnolence. Il existe également des pulvérisateurs et des diffuseurs de phéromones artificielles apaisantes, semblables à celles que sécrètent les glandes faciales du chat. Utilisés à l'intérieur de la maison, ces produits permettent de modérer le stress et l'anxiété du chaton. Ils ont parfois aussi un effet bénéfique sur certains comportements indésirables, tels que le grattage et le marquage urinaire.

Pas de précipitation

Que le tempérament craintif de votre chaton soit inné ou acquis, laissez-le progresser à son propre rythme. Quand, de temps en temps, le chaton sort de sa cachette pour aller manger, ne vous précipitez pas sur lui avec enthousiasme. Restez discret. Soyez doux et patient, parlez-lui gentiment, encouragez-le, caressez-le un peu et offrez-lui quelques friandises. Au début, il est préférable qu'un seul membre de la famille prenne soin du chaton et le nourrisse, jusqu'à ce qu'il acquière davantage de confiance en lui et dans les autres.

Le chat xénophobe

Qui va là ?

Le chat est souvent méfiant lorsqu'il rencontre un étranger pour la première fois. Il est même parfois ouvertement hostile. Ce n'est guère surprenant au vu des multiples tensions qui ont émaillé les relations homme/chat au cours de leur histoire commune.

L'importance de la socialisation

La domestication du chat par l'homme ne s'est pas faite sans heurts au fil des millénaires. Le chat a été fréquemment confronté à la maltraitance et parfois même aux persécutions. De nos jours, sa situation s'est améliorée, bien que des cas de cruauté envers les chats soient encore malheureusement rapportés. Alors, même lorsqu'il vit dans une famille aimante, le chat ne peut dissimuler la méfiance instinctive que lui ont léguée ses ancêtres. Cette réserve naturelle est d'autant plus grande que le chat n'a pas été correctement socialisé dès son plus jeune âge ou qu'il a vécu une mauvaise expérience avec l'homme ultérieurement.

La crainte de l'étranger se manifeste de différentes manières : le chat miaule d'un ton plaintif ou même attaque l'homme. Il peut aussi s'éclipser, se cacher ou masquer ses émotions et ne pas montrer qu'il a peur, risquant ainsi de développer plus tard des troubles du comportement tels que le toilettage excessif. Pour que le chaton parvienne à surmonter ses craintes, votre aide va se révéler d'une importance capitale.

Il faut exclure toute forme de punition. Les manipulations en douceur, les encouragements et les friandises sont utiles, mais il ne faut pas en abuser. Efforcez-vous de rendre

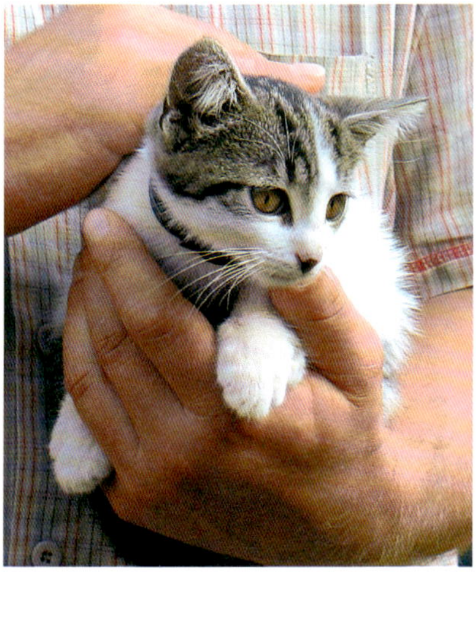

l'environnement du chat plus sûr et plus attrayant à ses yeux. Soyez patient lorsque vous l'incitez à faire la connaissance d'une personne étrangère :

- Installez le chat dans un panier qu'il connaît bien, peu de temps avant l'arrivée d'un « visiteur », joué par un membre de la famille que votre chat connaît déjà. Cette personne peut s'asseoir et bavarder avec vous, sans s'approcher du panier. Répétez six fois cet exercice, si possible à raison d'une fois par jour.
- Ensuite, faites de même avec un « vrai » visiteur. Répétez également l'exercice plusieurs fois.
- Un « vrai » visiteur peut alors pénétrer dans la pièce quand le chat n'est plus dans son panier, mais installé dans vos bras. Renouvelez également cet exercice à plusieurs reprises.
- Enfin, lors des visites suivantes, le visiteur peut s'asseoir de plus en plus près de vous deux. Il sera finalement en mesure de commencer à caresser doucement le chat.

Ce processus peut s'étendre sur des semaines, sinon des mois. Avec ces séances d'exercice, le chat prendra peu à peu confiance.

L'automutilation

Arrête de te mordiller !

Vous devez vous inquiéter si vous constatez que le chaton ne cesse de lécher et de mordiller une partie de son corps, généralement une patte, au point d'en arracher les poils, d'abîmer la peau et de se mettre à saigner.

Ce genre de comportement peut bien sûr être consécutif à une irritation de la peau, telle que la gale ou la teigne. Consultez donc votre vétérinaire sans tarder. Le chat qui se mordille de la sorte n'est cependant pas nécessairement atteint d'une maladie physique : dans certains cas, le problème est avant tout psychologique.

À l'instar du toilettage excessif, du léchage et du pétrissage compulsifs, l'automutilation est un phénomène fréquemment lié au stress. Le comportement du chat est influencé par un élément précis de son environnement ou par la manière dont il est traité.

Comme pour les autres problèmes causés par l'anxiété et le stress, il convient d'identifier le facteur déclenchant de ce comportement anormal. Vous pouvez ensuite prendre des mesures pour surmonter ou éliminer l'élément stressant, et trouver le moyen de restaurer la confiance de votre chat. Vous devez veiller à ce que le chat puisse se soustraire au stress d'une autre manière, sans se faire de mal, notamment en allant se réfugier en haut d'un meuble ou d'un autre poste d'observation.

Si aucune cause médicale ne peut être identifiée, votre vétérinaire vous dirigera éventuellement vers un confrère spécialisé dans les troubles du comportement, ou envisagera de faire suivre à votre chat un traitement à base de calmants pendant une courte période.

Le chat hurleur

Petite musique de nuit

La nuit, vous entendez parfois le concert de miaulements donné par les chats du quartier depuis les toits des maisons environnantes. Aucun risque que votre cher petit chat, si bien élevé, profondément assoupi dans son panier à l'instant même, se joigne un jour à un récital de ce genre, vous dites-vous !

Et pourtant, le chat domestique se lance parfois dans une sérénade d'un autre type : le hurlement à l'intérieur même de la maison. Ce cri nocturne est très particulier et différent des autres sons émis par le chat. Le chat adulte l'utilise plus volontiers que le jeune chaton, même s'il arrive que des chats commencent à l'émettre alors qu'ils ne sont âgés que de quelques mois.

Votre attention, s'il-vous-plaît

Que faut-il en conclure ? En un mot, votre chat s'adresse directement à vous. Il se sent un peu seul et a envie d'être réconforté. Ce sentiment d'insécurité apparaît généralement à la suite d'un changement dans son environnement habituel, quand il se retrouve mis à l'écart des autres, ou après un déménagement.

L'habitude de pousser des miaulements stridents en plein milieu de la nuit perdure malheureusement bien après que l'élément

déclencheur de l'anxiété a disparu : votre chat a en effet découvert qu'il pouvait, grâce à ce hurlement, attirer infailliblement votre attention. Cette fois encore, il est parvenu à vous dresser : c'est imparable, vous bondissez hors de votre lit sitôt qu'il vous appelle, vous le cherchez et lui parlez, vous le gratifiez d'une ou deux caresses et il vous arrive même de le prendre dans vos bras. Quand vous le trouvez, il n'est jamais terrifié ou en train de se tordre de douleur. Au contraire, il est assis, parfaitement détendu, et vous avez même l'impression que l'ombre d'un sourire se dessine derrière ses moustaches. Puisque son stratagème fonctionne, il promet de recommencer la nuit suivante !

Douce nuit

Essayez d'obtenir de votre chaton qu'il cesse de faire ce que les propriétaires d'un chat nettement plus âgé ont peut-être tendance à bien vouloir supporter. Vous êtes capable de prendre la résolution d'ignorer ce genre de hurlement. Vous pouvez aussi tenter de mettre fin à ce comportement en visant votre chat à l'aide d'un pistolet à eau ou en faisant un grand bruit dès qu'il commence à miauler. Quelle que soit la technique que vous choisissez, persévérez inlassablement, nuit après nuit ! Tôt ou tard, les hurlements cesseront pour de bon.

Une autre méthode efficace, plébiscitée par le chaton, mais contestée par certains humains, consiste bien entendu à le laisser dormir à vos côtés.

Le chaton jardinier

Les fleurs, sa passion

Votre chat est peut-être un vrai mordu de jardinage. Mais pourquoi s'adonne-t-il justement à son passe-temps favori dans les parterres fleuris qui vous ont coûté tant de temps et d'efforts ?

Votre chat exprime peut-être son engouement pour le jardinage en déterrant les bulbes que vous aviez amoureusement plantés. Ce comportement n'a rien à voir avoir le désir de recouvrir ses excréments, à moins que les bulbes ne soient situés à un endroit où le chat a l'habitude de faire ses besoins. Le chat fait probablement cela pour se divertir : il vous a vu planter les bulbes et a décidé de les déterrer, peut-être pour le plaisir de pouvoir vous regarder les planter à nouveau !

Ça suffit !

Il existe plusieurs manières de mettre fin

à ce petit jeu. Tout autour des bulbes, vous pouvez répandre des zestes de citron ou des granulés de répulsifs pour chat, disponibles dans les animaleries et les jardineries. Vous pouvez aussi essayer de les pulvériser avec du répulsif.

Poser un treillis métallique sur la terre où sont plantés les bulbes est également dissuasif. Si vous surprenez votre chat en train de se livrer à ses activités de jardinage, hâtez-vous de l'asperger d'un peu d'eau ou de mettre l'arroseur automatique en marche. Ce faisant, vous lui témoignez clairement votre désapprobation, et vous espérez qu'il s'en souviendra !

N'oubliez pas de réserver un espace dans votre jardin pour y planter de la valériane et de l'herbe à chat, dans lequel votre chaton pourra aller se rouler chaque fois qu'il le désire. Elles serviront de plus à détourner son attention de vos autres plantations.

Le chat agoraphobe

Aux abris !

Le chaton est parfois angoissé dès qu'il se retrouve à découvert, que ce soit à l'intérieur ou à l'extérieur de la maison. Ce n'est heureusement pas fréquent. Qu'est-il donc arrivé au chasseur solitaire, tellement indépendant et plein de confiance en lui, dont nous avons vanté les mérites ?

Les causes

Si cette forme d'agoraphobie féline se manifeste quand votre chat est à l'intérieur de la maison, dites-vous qu'il n'a peut-être pas bénéficié de l'indispensable socialisation qu'il aurait dû recevoir de la part de sa mère et des humains au cours des premières semaines de sa vie. Il est également possible qu'il soit effrayé par un élément extérieur à la maison : les aboiements du chien du voisin, le bruit du marteau-piqueur actionné par les ouvriers communaux, ou le matou dominant qui prétend régner sur l'ensemble des jardins environnants.

Surmonter ses craintes

Vous pouvez bien entendu préserver votre chaton en le gardant à la maison en permanence, mais, pour peu que vous ayez un beau jardin, il serait vraiment dommage qu'il ne puisse pas en profiter.

La meilleure solution consiste à construire un enclos entièrement grillagé, semblable à une volière ou aux cages dans lesquelles les éleveurs placent les chattes accompagnées de leurs chatons. Créez plusieurs recoins et cachettes sûres à l'intérieur de l'enclos. Chaque jour, placez votre chaton dans l'enclos pendant un court moment, que vous allongerez progressivement. Si vous lui donnez à manger et jouez avec lui à l'intérieur de l'enclos, il finira par être content et se sentir en sécurité. Le chaton pourra ensuite commencer à s'aventurer hors de l'enclos, pendant que vous le surveillez depuis votre fenêtre.

L'idéal est d'installer une chatière qui donne accès au jardin, et par laquelle le chaton peut à tout moment rentrer précipitamment à la maison (voir pages 102-103). Pour aider un chat craintif à s'enhardir et à prendre goût au monde qui l'entoure, vous pouvez également lui apprendre à marcher en laisse (voir pages 104-105).

Les conflits territoriaux

Les règlements de compte

Vous avez bien du mal à croire que votre chaton, habituellement si pacifique, s'abaisse à participer à une bagarre. Des conflits éclatent malheureusement dans les meilleures familles et, le moment venu, vous devrez être prêt à voler à la rescousse de votre chat.

Les querelles de voisinage

À la base, le chat n'est pas un fauteur de trouble. Il préfère éviter les confrontations et, pour ce faire, il a mis au point un système de communication élaboré (voir pages 62-63) qui lui permet de tenir les autres informés de ses intentions et de ses souhaits, et d'esquiver ainsi toute altercation.

Lorsqu'une bagarre éclate, en particulier entre les chats du voisinage, elle trouve fréquemment son origine dans un problème de territoire. Dans les quartiers abritant de nombreux chats, les choses s'enveniment parfois au point de monter leurs propriétaires les uns contre les autres.

Les intrus

Dans de pareilles circonstances, les mesures destinées à tenir les autres chats à l'écart de votre jardin ou à les empêcher de pénétrer chez vous par la chatière ne suffisent pas toujours. Tirer sur les intrus avec un pistolet à eau se justifie : ils comprendront vite que vous ne plaisantez pas. Toutefois, les chats sont suffisamment intelligents pour limiter leurs incursions chez vous quand ils savent que vous êtes absent. Vous avez donc tout intérêt à utiliser plutôt les pièges à déclenchement automatique, qui projettent de l'eau ou font du bruit. Veillez cependant à ne pas blesser vos visiteurs indésirables.

Les autorisations de sortie

Les conflits entre chats prennent parfois une telle ampleur qu'une concertation entre voisins devient indispensable. Chaque propriétaire de chat souhaite en principe que son animal puisse se déplacer en toute sécurité et, qu'à son retour, il soit heureux de retrouver un havre de paix confortable et sûr. Il est donc tout à fait possible de garder un chat à la maison pendant que le chat du voisin sort, et inversement. Les humains doivent faire preuve d'autant de bonne volonté que leurs compagnons félins envers leurs semblables.

Les conflits familiaux

Quand la bagarre éclate à l'intérieur même de la maison

En général, le chat ne cherche pas les ennuis et aspire simplement à mener une vie paisible. Néanmoins, quand plusieurs chats cohabitent, les prises de bec ne sont pas rares. Des chats qui vivaient en parfaite harmonie depuis des années peuvent tout à coup commencer à s'affronter, notamment lorsqu'un nouveau membre se joint à la famille.

La surpopulation

Dès que plusieurs chats sont obligés de cohabiter dans un espace restreint, le risque d'apparition de conflits est élevé à cause de l'accès limité aux cachettes et aux postes d'observation surélevés, et la compétition pour la nourriture et l'attention de la part du propriétaire. C'est encore plus fréquent lorsque l'un ou plusieurs animaux n'ont pas été correctement socialisés par leur mère ou par les humains durant leur jeune âge.

La composition de la population féline au sein de votre famille joue un rôle important. La génétique y a aussi sa place : par nature, certains chats supportent mieux que d'autres la vie en communauté. Vous constaterez que la plupart du temps, les chats directement apparentés sont ceux qui s'entendent le mieux.

Le retour après une absence

Des troubles apparaissent occasionnellement entre les chats d'une même famille lorsque l'un d'entre eux a été absent pendant une courte période : à la suite d'une hospitalisation chez le vétérinaire, un séjour dans une pension ou tout simplement une fugue. À son retour, ce chat est parfois considéré comme un étranger.

Vous pouvez consulter les conseils relatifs à l'introduction d'un nouvel animal dans la maison (voir pages 30-31) et avoir recours à ces différentes méthodes pour réintégrer un chat après une absence momentanée. De temps en temps, n'hésitez pas à obliger les chats à changer de gamelles, de paniers et de jouets les uns avec les autres.

Veillez à mettre suffisamment de cachettes, de lieux de couchages, de postes d'observation situés en hauteur et d'itinéraires de secours à la disposition de vos chats. Pensez aussi à fournir une gamelle à chaque chat, à ne pas faire de jaloux et à passer équitablement du temps avec chacun d'entre eux.

Les manœuvres de diversion

Soyez prudent quand une querelle éclate : en vous efforçant de séparer les adversaires à la manière d'un arbitre, vous risquez d'aggraver les choses et d'augmenter les tensions. L'idéal est d'essayer de distraire les chats avec quelques friandises et des jouets à poursuivre. Ne les frappez surtout pas !

Le chat susceptible

Les questions à se poser

L'arrivée d'un chaton dans une maison où vivent déjà un ou plusieurs autres chats est parfois source de problèmes. En accordant un surcroît d'attention au nouveau venu, vous risquez fort de rendre les anciens occupants jaloux. La compétition accrue pour les meilleures places génère des tensions et augmente la probabilité qu'un conflit éclate.

- S'agit-il de querelles entre mâles ? Les chats impliqués sont-ils castrés ? Les matous ayant nettement plus tendance à se bagarrer, pensez à faire opérer vos chats mâles.
- Votre chat a-t-il des raisons d'être anxieux ou d'avoir peur ? Pouvez-vous identifier et éliminer la cause du problème ?
- Votre chat dispose-t-il d'un grand nombre d'endroits où il peut se réfugier, en particulier en hauteur, et d'issues de secours par lesquelles s'enfuir rapidement quand il souhaite éviter une confrontation ?
- Votre chat est-il impliqué dans des conflits territoriaux à l'extérieur de votre domicile ?
- Avez-vous réservé un espace individuel pour chacun des chats qui cohabitent sous votre toit ?
- Un nouveau chaton ou un chat adulte

est-il récemment venu agrandir votre famille (voir pages 30-31) ?

- Vos chats se disputent-ils votre attention, ou les gamelles au moment du repas ?
- Partagez-vous votre attention de manière équitable entre chacun de vos chats ?
- Ne caressez pas trop longtemps le chat qui se repose sur vos genoux de crainte d'être mordu (voir pages 68-69).
- Si vous possédez plusieurs chats et que l'un d'eux est d'un âge avancé, songez qu'il a peut-être tendance à être grincheux parce qu'il souffre d'arthrose, d'hyperthyroïdie ou de douleurs consécutives à certaines pathologies. Dans ce cas, n'hésitez pas à aller le montrer à votre vétérinaire.

Les soins

Le matériel indispensable

Un foyer accueillant pour le chaton

Vous souhaitez sans aucun doute que votre chaton se rende compte que vous avez soigneusement réfléchi avant de lui préparer, sinon un palace, au moins un endroit où le confort et la sécurité sont de mise.

La caisse de transport

Avant d'aller chercher votre chaton à l'endroit où il est né, vous devez tout d'abord vous procurer une caisse ou un panier de transport.

Les anciens modèles en osier se ferment à l'aide d'une petite porte grillagée qu'un chat fermement décidé à s'échapper parvient parfois à faire sortir de ses gonds. Ces paniers sont de plus difficiles à nettoyer et pleins de courants d'air.

Les modèles actuels en plastique ou en fibre de verre sont d'une qualité nettement supérieure, ne permettent pas au chat de s'enfuir et se nettoient aisément.

Pour les sorties exceptionnelles, par exemple lorsque le chat doit aller en pension ou chez le vétérinaire en urgence, il existe des boîtes en carton renforcé, disponibles dans les refuges et certaines animaleries.

Quel que soit le type de caisse de transport que vous choisissez pour votre chat, assurez-vous qu'elle est suffisamment spacieuse et aérée, facile à transporter, à nettoyer et à désinfecter après usage. Quand cette boîte n'est utilisée que pour de courts trajets, il n'est pas nécessaire d'y placer de la nourriture et de l'eau.

Le bac à litière

Vous devez obligatoirement mettre un bac à litière à la disposition de votre chaton, même s'il est censé aller se soulager à l'extérieur. En effet, le chat sera content de l'utiliser quand il n'est pas en forme ou qu'il pleut des cordes. Lorsque plusieurs chats cohabitent, il est préférable de disposer de plusieurs bacs à litière, un par chat si possible. Certains chats rechignent à partager leur coin toilette et n'aiment pas devoir attendre longtemps qu'un bac se libère. N'oubliez pas d'acheter aussi une petite pelle pour l'entretien quotidien de la litière.

Le panier

Le panier est un élément important du mobilier du chat. Il en existe de nombreux modèles, parmi lesquels on trouve entre autres de petits hamacs à fixer aux radiateurs. Choisissez un panier suffisamment spacieux pour un chat roulé en boule. Rendez le panier encore plus confortable grâce à une couverture, un coussin ou, mieux encore, un morceau de peau de mouton. Les chats à pelage peu fourni, comme le Rex, apprécient particulièrement les tapis électriques chauffants, également utiles quand il s'agit de réconforter de très jeunes chatons récemment séparés de leur mère.

Les gamelles

Les gamelles d'eau et de nourriture doivent être faciles à nettoyer et suffisamment robustes pour qu'il ne puisse pas les renverser. Lorsque plusieurs chats vivent dans une même maison, chacun d'entre eux doit posséder ses propres gamelles.

Les autres objets essentiels

Pour un chaton comblé

En plus du gîte et du couvert, le propriétaire attentif veille aux autres besoins de son chaton. Les animaleries et les sites Internet spécialisés rivalisent d'imagination lorsqu'il s'agit de vous inciter à gâter votre animal de compagnie à tout prix.

La chatière

Si vous voulez que votre chaton fasse ses besoins dans le jardin, il est indispensable d'installer une chatière afin de ne pas devenir le portier au service de ses fantaisies.

La plupart des chatières peuvent être réglées de manière à laisser passer ou non le chat dans les deux sens, tandis que d'autres ne s'ouvrent qu'à condition d'avoir reconnu le numéro de la puce électronique du chat ou le dispositif magnétique fixé à son collier. Ce système permet d'éviter toute intrusion des chats du voisinage, et en particulier des matous téméraires.

Le collier

Votre chat ne doit pas nécessairement porter de collier s'il est identifié à l'aide d'une puce électronique (voir page 185). Un collier muni d'une médaille où figurent son nom et son adresse peut néanmoins permettre aux voisins de reconnaître votre chat sans devoir recourir à un lecteur de puce.

Le collier doit obligatoirement être en partie composé d'un matériau élastique qui permettra à votre chat de se libérer s'il reste accroché à une branche. Pensez à acheter un harnais si vous avez l'intention d'apprendre à votre chat à marcher en laisse (voir pages 104-105).

Le griffoir

Mieux vaut prévenir que guérir : mettez un poteau, une pyramide ou un tapis à gratter à la disposition de votre chaton avant qu'il ne songe à faire ses griffes sur votre mobilier.

Les jeux d'intérieur

Le chat qui vit exclusivement à l'intérieur s'ennuie parfois, et risque de perdre son entrain ou de faire des bêtises. Ne vous bornez pas à lui donner un griffoir : installez un ou plusieurs arbres à chat et autres plateformes de jeux spécialement conçues pour lui. Vous pouvez vous les procurer sur Internet ou dans les grandes animaleries.

Le chaton a impérativement besoin de jouets. Il en existe une grande variété sur le marché, mais n'hésitez pas à amuser aussi votre chat avec des jouets faits maison, comme les balles de ping-pong et les boîtes en carton à explorer inlassablement.

Les jouets munis d'une longue ficelle fascinent le chaton, mais demandent une attention particulière en raison du risque d'entortillement ou d'étranglement. Ne les laissez pas à la disposition du chat quand vous n'êtes pas là pour le surveiller.

Le matériel de toilettage

Pensez enfin à acheter quelques instruments de toilettage. Vous avez besoin d'un peigne à dents fines, d'une brosse douce, d'une brosse dure, d'un gant de brossage, d'une peau de chamois, de coton à démaquiller et de quelques chiffons. Vous pouvez aussi vous procurer un coupe-ongle chez votre vétérinaire, qui vous expliquera comment l'utiliser.

Pas en forme

Que se passe-t-il ?

Prenez l'habitude d'examiner votre chat au moins une fois par semaine (voir pages 56-57). Vous remarquerez rapidement si un problème touche ses yeux, ses oreilles, son nez ou sa peau. Certaines pathologies apparaissent cependant parfois sans prévenir, comme chez les enfants.

À quoi faut-il prêter attention ?

Parmi les signes qui doivent vous alerter et vous faire craindre un problème, citons :

- Un manque général d'entrain et des miaulements inhabituels, parfois liés à la douleur. Soyez cependant attentif au fait qu'un chat malade ou souffrant peut aussi être plus calme et silencieux que d'habitude.
- La toux, le halètement, un souffle court, une respiration sifflante ou des éternuements.
- Un appétit excessif, une soif anormale, une perte d'appétit, une mauvaise haleine, de la constipation ou de la diarrhée. Le chat qui fait ses besoins dans la maison a peut-être un problème digestif ou urinaire.
- Une boiterie, une démarche hésitante ou de la faiblesse dans les pattes, une inclinaison anormale de la tête ou une tendance à marcher en cercles.
- Une irritation de la peau ou une tendance à se mordiller ou se lécher excessivement.
- Une anomalie d'un œil ou des deux, qui peuvent être sales, vitreux ou injectés de sang.

Si les symptômes ne figurent pas dans la liste ci-dessus, contactez immédiatement votre vétérinaire : l'état de santé d'un jeune chaton étant susceptible de décliner rapidement.

LE RONRONNEMENT DE DOULEUR

On sait désormais que le chat peut ronronner aussi pour évacuer son stress quand il est effrayé ou blessé. On pense que le ronronnement pourrait favoriser la guérison.

Comment prendre le pouls

Pour percevoir correctement le pouls du chat, placez deux doigts à la face interne de sa cuisse. La pulsation doit être forte et régulière, et avoir un rythme compris entre 110 et 140 battements par minute.

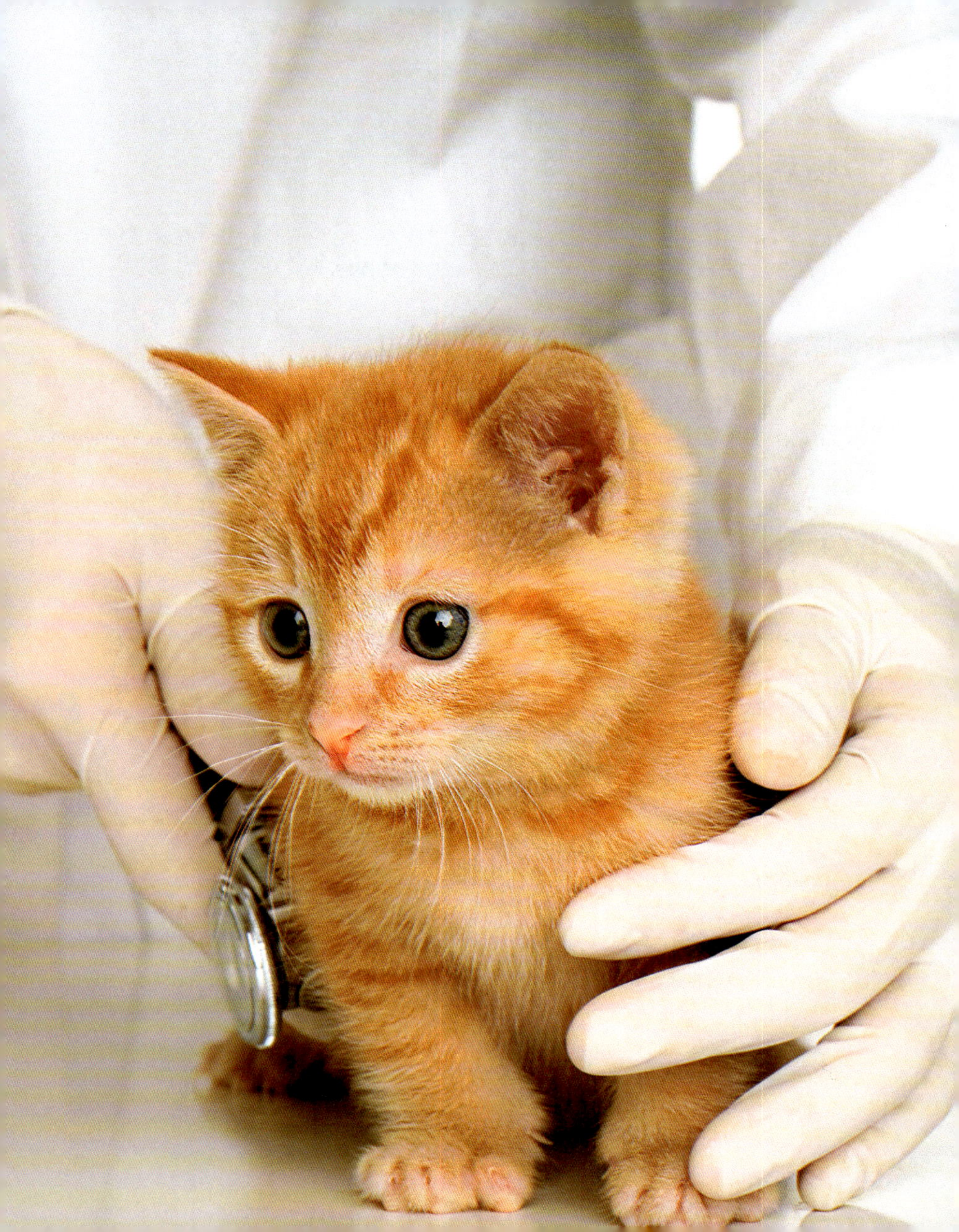

Le chat malade

Comment l'aider ?

Bon nombre de problèmes et de maladies peuvent survenir inopinément. Au fil du temps, vous connaîtrez suffisamment votre chaton pour être en mesure de discerner s'il souffre d'une simple indigestion après avoir trop mangé ou s'il s'agit d'un problème plus sérieux. En cas de doute, contactez immédiatement votre vétérinaire.

Les vomissements

Si votre chat vomit, vérifiez qu'il n'a pas été accidenté. Vous paraît-il faible et abattu ? Si ses pupilles sont dilatées moins d'une demi-heure après avoir mangé, le problème est peut-être sérieux. Le typhus du chat, aussi appelé panleucopénie, est une très grave maladie virale. Si ce n'est déjà fait, vous pouvez protéger votre chat en le faisant vacciner (voir page 170).

Les vomissements sont parfois bénins, notamment quand le chat a mangé trop ou trop vite, a avalé les plumes d'un oiseau qu'il a attrapé, s'il est très excité ou a changé d'alimentation, ou s'il doit régurgiter des poils, en particulier si c'est un chat à poil long.

La diarrhée

Si la diarrhée contient du sang, que le chat vomit ou qu'il est faible et abattu, il peut s'agir du typhus ou d'un empoisonnement. Parmi les causes moins sérieuses, citons aussi l'intolérance au lactose (si le chat ne peut pas digérer le lait de vache), les vers et certaines infections.

Une faim ou une soif anormale

En cas de faim excessive, il faut rechercher la présence de parasites intestinaux ou d'un dérèglement hormonal ou pancréatique. Consultez votre vétérinaire si votre chaton mange énormément depuis plus de deux semaines. S'il a en plus extrêmement soif, il peut s'agir du diabète. Demandez l'avis du vétérinaire.

La soif excessive, souvent associée au diabète, peut aussi être le signe d'une pathologie rénale, hépatique ou hormonale. Les jeunes chatons ne sont que très rarement concernés par le diabète : les chats plus âgés sont plus souvent à risque, en particulier lorsqu'ils sont en surpoids.

Les problèmes respiratoires

Vous devez absolument consulter votre vétérinaire si votre chat, âgé de moins d'un an, respire très vite ou très fort en plus d'avoir la diarrhée, des vomissements, les pupilles dilatées, ou les yeux et le nez qui coulent, s'il respire très lentement et que son état ne s'améliore pas quand vous le stimulez un peu. Il est peut-être empoisonné, ou atteint du coryza ou de la leucose féline. Vous devriez d'ailleurs faire vacciner votre chaton contre ces deux dernières maladies d'origine virale. Demandez conseil à votre vétérinaire.

Les autres maladies du chat

À quoi faut-il penser ?

Un chat bien nourri, bien entretenu et préservé du stress tombe rarement malade. Soumettez toutefois régulièrement votre chat à un examen de routine afin de reconnaître rapidement les signes avant-coureurs de certaines maladies, notamment sur base des symptômes cités aux pages 164-165.

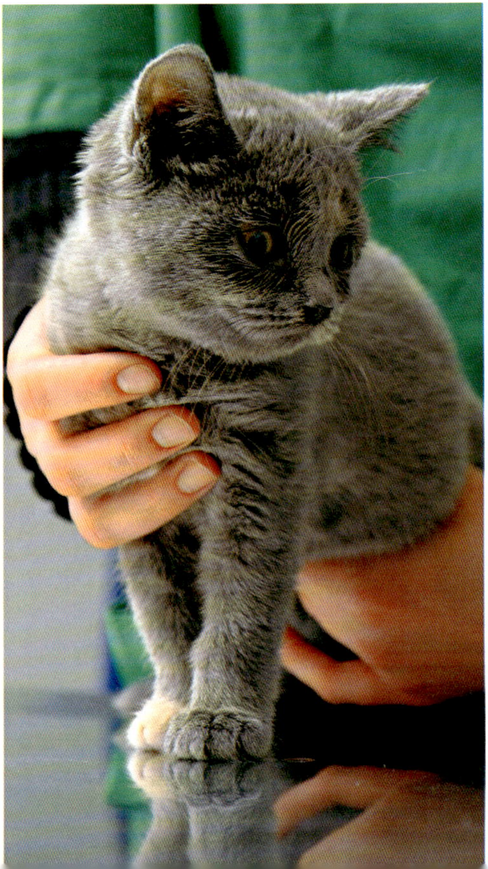

La leucose

Le virus de la leucose féline attaque le système immunitaire du chaton. Le chat devenant en général résistant à l'infection par ce virus à partir de l'âge de 8 mois, il peut valoir la peine de le garder à l'intérieur de la maison jusque-là.

La péritonite infectieuse féline

Cette grave maladie touche surtout les chats vivant en groupe, par exemple dans les pensions pour chats. En général, le chat développe une immunité naturelle contre ce virus à partir de l'âge de 3 ans.

La bouche

La bouche du chat étant souvent le siège de diverses maladies, soyez-y particulièrement attentif lors de votre contrôle hebdomadaire. À moins qu'il ne vienne justement de manger du poisson, le chat ne doit pas avoir une mauvaise haleine. S'il sent mauvais et qu'il bave, il a peut-être une infection, une dent gâtée ou des ulcères sur la langue. Prenez donc rendez-vous chez votre vétérinaire.

Les yeux

Le chat peut souffrir de différents problèmes oculaires, mais rarement de cécité. Il arrive que la troisième paupière (une membrane blanche partant du coin médial de l'œil, entre le globe oculaire et la paupière) recouvre totalement ou en partie un œil ou les deux yeux. En cas de corps étranger, tel qu'un morceau d'herbe ou épillet, l'œil est enflammé et pleure abondamment. Consultez votre vétérinaire sans tarder.

Les oreilles

Vous pouvez éviter bon nombre de problèmes en vérifiant régulièrement l'état de propreté des oreilles de votre chaton. Votre chat secoue-t-il la tête ? Un liquide gluant sort-il de ses oreilles ? Les otites externes résultent de la présence d'acariens, de bactéries ou de champignons, et parfois même des trois à la fois. Votre vétérinaire vous donnera le traitement approprié, en général sous forme de gouttes ou de pommade.

Si vous constatez que la démarche de votre chat est mal assurée, qu'il marche en cercles ou penche la tête de côté, sachez qu'il souffre peut-être d'une grave infection de l'oreille moyenne, c'est-à-dire derrière le tympan. Consultez immédiatement votre vétérinaire, car votre chat a vraisemblablement besoin d'un traitement à base d'antibiotiques.

Prendre soin du chat malade

Comment s'en occuper ?

Si votre chaton est souffrant, vous devez être capable de prendre soin de lui sans aggraver son inconfort ou ses douleurs, et lui administrer les médicaments prescrits par le vétérinaire.

Manipuler un chat malade

Pour pouvoir soigner un chat et lui donner son traitement, il faut apprendre à le tenir correctement. Voici quatre techniques possibles :

- Si votre chat n'a mal nulle part, l'idéal est de le prendre gentiment dans vos bras et de le maintenir contre vous.
- Vous pouvez aussi prendre votre chat par la peau du cou et le tenir fermement appuyé sur une table ou une autre surface plane. Dans cette position, il pourra difficilement se débattre et faire usage de ses griffes.
- Placez votre chat sur une surface plane et couchez-le sur le côté. Tenez fermement ses pattes avant dans une main et ses pattes arrière dans l'autre.
- Enveloppez le chat dans une grande serviette, une couverture ou un sac, prenez-le dans vos bras et gardez-le contre vous. Pour plus de sécurité, attrapez la peau de son cou à travers le tissu avec votre main libre.

DES MÉDICAMENTS APPÉTISSANTS

Il existe désormais de nombreux médicaments agréables au goût à l'intention des chats. Le chat acceptera de les prendre mélangés à sa nourriture ou dans votre main. Votre vétérinaire vous expliquera comment administrer le traitement prescrit à votre chaton.

Lui faire avaler un médicament

Voici comment vous pouvez vous y prendre pour donner un médicament à votre chat :

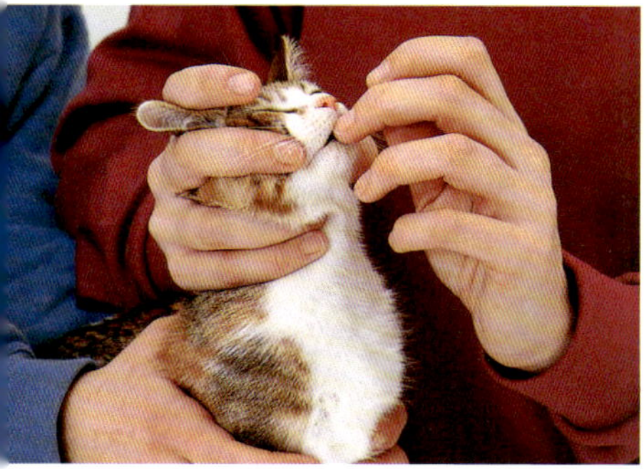

1 Placez votre chat sur une surface plane et tenez sa tête dans votre main comme s'il s'agissait d'une balle.

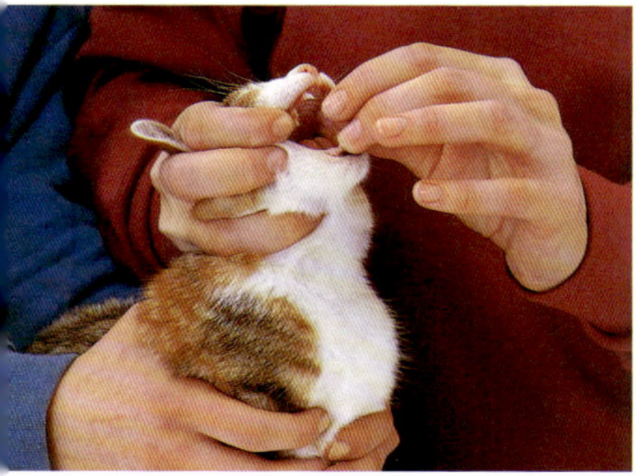

2 Renversez sa tête vers l'arrière. Sa bouche s'ouvre alors : servez-vous de votre pouce et de votre index pour pousser les lèvres entre les dents, au niveau des joues. Laissez tomber le comprimé entre son palais et l'arrière de la langue, puis poussez-le avec l'index. Fermez la bouche du chat et soufflez vivement sur son nez pour l'encourager à avaler.

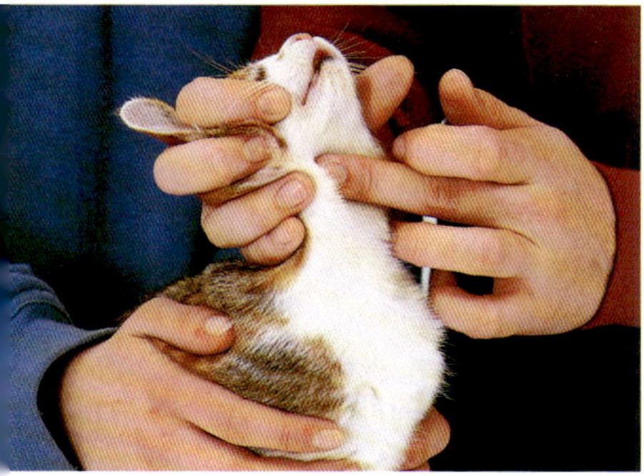

3 Si le traitement est sous forme liquide, faites-le doucement couler dans la bouche ouverte de votre chat, en lui laissant bien le temps d'avaler. Fermez immédiatement la bouche du chat et massez sa gorge avec votre main libre pour stimuler le réflexe de déglutition.

Un chaton bien protégé

Les vaccins

Il est indispensable de faire vacciner votre chaton contre les principales maladies virales du chat le plus tôt possible. Aussi longtemps qu'il n'est pas protégé, faites attention à ce qu'il ne soit pas contaminé par les chats du voisinage. Tenez-le à l'écart des sources potentielles d'infection en le confinant à la maison pendant les deux semaines qui suivent sa première vaccination.

Les maladies concernées

On vaccine en principe le chat contre les maladies virales suivantes : le coryza (ou rhume du chat), le typhus (ou panleucopénie) et la leucose féline. Dans plusieurs régions du monde, le chat est souvent en plus vacciné contre la rage. Un vaccin contre la péritonite infectieuse féline existe depuis peu. Il n'y a pas de vaccin contre l'anémie infectieuse féline non virale.

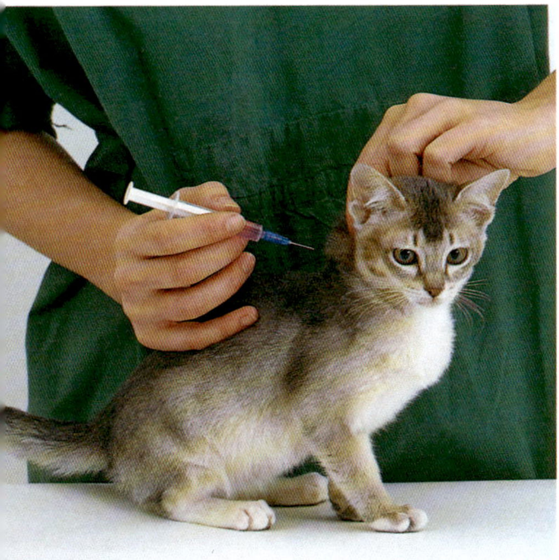

La vaccination ne peut être réalisée que sur un animal en bonne santé. Le vaccin contre la leucose féline n'induit aucun effet secondaire dans la grande majorité des cas, mais il faut cependant savoir que certains chats présentent des réactions au niveau du site d'injection. Tout vaccin est néanmoins susceptible de provoquer occasionnellement des réactions locales ou générales transitoires, la plupart du temps sans gravité. La vaccination ne peut bien entendu ni protéger, ni traiter un animal déjà en phase d'incubation de la maladie. Gardez toujours votre chat à l'intérieur aussi longtemps qu'il n'a pas été correctement vacciné.

Le programme de vaccination

Discutez avec votre vétérinaire du programme de vaccination pour votre chaton. En général, la primo-vaccination commence à l'âge de 8 à 9 semaines et consiste en deux injections espacées de 3 à 4 semaines. Par la suite, le chat a simplement besoin d'un rappel annuel.

Le chat peut être vacciné séparément contre chacune des maladies précitées même si, en général, les vétérinaires utilisent désormais des vaccins de type 3-en-1 contre le coryza, le typhus et la leucose, auxquels ils associent ou non le vaccin contre la rage.

Le carnet de santé

Une fois votre chat vacciné, le vétérinaire remplit son carnet de santé avant de vous le remettre. Rangez-le soigneusement et n'oubliez pas de noter quand votre chat doit recevoir son rappel annuel de vaccin. Pensez à vous munir de ce carnet de santé lors de chaque visite chez le vétérinaire, et d'être en mesure de présenter un carnet bien à jour quand votre chat va en pension ou en voyage.

Les parasites internes

Un chaton bien vermifugé

Votre chaton peut être infesté par deux grandes sortes de parasites : les parasites internes et les parasites externes, selon qu'ils vivent à l'intérieur ou à l'extérieur de son corps. Le chat peut héberger plusieurs espèces de vers.

Les vers

Parmi les vers qui parasitent parfois le chat, les plus importants sont ceux qui s'installent au niveau du système digestif sous leur forme adulte, et les formes larvaires qui migrent vers d'autres organes. Parmi ces vers, on trouve les ténias, les ascaris, les trichures, les oxyures, les ankylostomes et les douves.

Certains vers adultes sucent le sang : c'est le cas des ankylostomes et des trichures. Les larves d'ascaris peuvent d'une part infester le chaton alors qu'il est encore dans le ventre de sa mère, et d'autre part être présentes dans le lait maternel. Une fois à l'intérieur du chaton, ces larves migrent au travers du foie, du cœur et des poumons jusqu'à atteindre les intestins, en causant de nombreux dégâts en chemin. Cela explique la gravité des symptômes présentés par les chatons très parasités.

Les ténias se contentent en revanche de détourner une partie de la nourriture du chat à leur avantage. En cas d'infestation, il n'y a souvent aucun autre symptôme que des flatulences et une irritation de l'anus lors de la sortie des anneaux parasitaires remplis d'œufs. Vous risquez de découvrir un ou deux segments semblables à des grains de riz collés aux poils du derrière de votre chaton. Consultez votre vétérinaire sans tarder si vous pensez que votre chat a des vers.

Les protozoaires

Le chat peut aussi héberger un minuscule parasite interne de la famille des protozoaires, qui vit à l'intérieur des globules rouges, comme le parasite responsable de la malaria chez l'homme. Lorsqu'il n'est présent qu'en petit nombre, il reste parfois asymptomatique. On parle d'anémie infectieuse féline quand de nombreux parasites envahissent le sang du chat et détruisent ses globules rouges. En l'absence de toute complication, cette maladie peut être soignée avec l'aide de votre vétérinaire. Cependant, quand le chat est en plus atteint par la leucose féline, le pronostic est beaucoup plus réservé.

Les moyens de prévention

Pour éviter que votre chaton soit infesté de parasites, mettez en pratique les recommandations suivantes :

- Vermifugez régulièrement votre chaton tout au long de sa vie avec un traitement fourni par votre vétérinaire ou votre pharmacien.
- Empêchez le chat de consommer les proies qu'il attrape dans la nature, et qui sont souvent elles-mêmes porteuses de parasites.
- Toilettez régulièrement votre chat et protégez-le contre les puces, car elles peuvent lui transmettre des larves de vers.
- Nettoyez et changez fréquemment le lieu de couchage de votre chat pour éliminer les vers qui s'y cachent éventuellement, et qui s'introduisent parfois sous la peau du chat.
- Choisissez un moyen hygiénique par lequel vous débarrasser de la litière souillée, soit dans la poubelle, soit par incinération.

Les parasites externes

Un chat, oui, des puces, non !

Aussi bien que par des parasites internes, les chats peuvent être infestés par des parasites externes.

Les insectes parasites

Qu'elle soit de la variété féline, canine ou humaine, la puce est le parasite le plus fréquemment rencontré chez le chat. L'irritation cutanée provoquée par les piqûres de ces petites suceuses de sang pousse le chat à se gratter, se lécher et s'arracher les poils. Lors de l'examen attentif du chat, vous ne trouverez peut-être pas ces insaisissables insectes, mais une multitude de petits grains noirs disséminés entre les poils : les crottes des puces !

Le chat attrape parfois des poux, soit piqueurs, soit broyeurs, qui peuvent habiter à n'importe quel endroit du corps, mais ont une préférence marquée pour la tête du chat.

Si vous habitez à la campagne, votre chat risque de rapporter quelques tiques de ses promenades dans les champs. Ces vilaines créatures gonflent au fur et à mesure qu'elles sucent le sang du chat. Elles atteignent parfois la taille d'un grain de cassis, et peuvent être de couleur noire, beige ou brun-rouge.

À la fin de l'été, le chat peut souffrir de dermite s'il est attaqué par une multitude de petits acariens surnommés « aoûtats ». Certaines espèces d'acariens vivent à la surface de la peau du chat et la font anormalement desquamer. D'autres creusent des galeries sous la peau et provoquent une inflammation cutanée chronique appelée gale, qui touche le plus souvent la tête et les oreilles du chat.

Le contrôle des parasites

Lors de l'examen hebdomadaire de votre chat (voir pages 56-57), examinez soigneusement sa peau et son pelage et recherchez toute trace de dépilation ou d'inflammation. En cas d'anomalie, prenez directement les mesures qui s'imposent à l'aide d'un produit antiparasitaire efficace si vous êtes certain de connaître l'origine du problème.

Contrairement aux poux qui fixent leurs œufs aux poils, les puces se contentent de pondre en se promenant sur le chat. Leurs œufs tombent dans la maison, sur les tapis, le mobilier, et en particulier dans le panier du chat. Des aérosols permettent de traiter l'environnement et d'empêcher les œufs de puces d'éclore.

Si votre chat a des tiques, retirez-les en vous aidant d'un petit crochet ou d'une pince en plastique spécialement conçus à cet effet. N'arrachez pas la tique, car ses pièces buccales resteraient dans la peau du chat et seraient à l'origine de la formation d'un abcès.

La teigne

La teigne est une mycose causée par un parasite de la famille des champignons. Elle provoque différentes sortes de lésions cutanées. Si vous suspectez la présence de ce champignon, demandez conseil à votre vétérinaire, qui sera en mesure de confirmer votre diagnostic et de vous prescrire un traitement antifongique à base de comprimés ou de shampooing.

En vacances, moi ?

La pension pour chats

Si vous prévoyez de mettre votre chaton en pension pendant votre absence, choisissez soigneusement un endroit bien entretenu où il sera à l'abri des maladies et des accidents.

Le choix de la pension

Pour trouver la meilleure pension possible, la première chose à faire est d'interroger un éleveur ou vos amis propriétaires de chats. Votre vétérinaire peut aussi vous recommander l'une ou l'autre structure jouissant d'une bonne réputation dans les environs.

Allez ensuite visiter les lieux, en prêtant une attention particulière aux points suivants :

- Les pensionnaires disposent-ils chacun d'un box individuel, sans aucune possibilité de contact direct avec les autres animaux ?
- Le chat a-t-il à sa disposition une zone de couchage confortable et bien isolée à l'inté-

rieur, et un espace extérieur spacieux, bien clôturé, et équipé d'arbres à chat et autres structures destinées au jeu et à l'escalade ?

- Si les locaux sont constitués de plusieurs rangées de boxes, assurez-vous que ces derniers sont séparés par des cloisons pleines à l'intérieur du bâtiment, et munis d'une ouverture grillagée donnant vers l'extérieur. Pour limiter au maximum le risque de propagation de virus, il faut en effet limiter la circulation d'air entre les chats, et privilégier l'arrivée d'air frais venant directement de l'extérieur.
- Pouvez-vous amener la nourriture préférée de votre chaton, ou ne doit-il manger que les aliments déjà disponibles à la pension ?
- Que se passe-t-il quand un chat tombe malade ? La pension a-t-elle un vétérinaire attitré ? Fait-il des contrôles de routine et, si oui, à quelle fréquence ? Un box de quarantaine ou d'hospitalisation est-il disponible en cas de besoin ? Si vous décidez de mettre votre chaton en pension à cet endroit, n'oubliez pas de laisser toutes vos coordonnées, ainsi que celles de votre vétérinaire.
- Les pensionnaires doivent-ils obligatoirement être vaccinés contre le typhus et le coryza ? Si ce n'est pas le cas, ne mettez pas votre chaton à cet endroit. Toute pension sérieuse doit exiger des propriétaires qu'ils fournissent un carnet de santé parfaitement en ordre au moment où ils déposent leur chat. Ce point est extrêmement important, et la parole du propriétaire ne suffit pas.
- Si vous possédez plusieurs chats, qu'ils s'entendent bien, et que vous souhaitez les mettre en pension en même temps, la pension vous permet-elle de leur laisser partager un seul grand box ? Ce n'est pas indispensable, mais c'est de loin préférable.
- Les locaux vous semblent-ils propres et bien entretenus ? Le personnel paraît-il compétent et attentionné envers les animaux ?

LE CHAT À LA MAISON

De nombreux propriétaires préfèrent laisser leurs chats à la maison et demander à un voisin ou un ami de leur rendre visite régulièrement, de les nourrir, de nettoyer les gamelles et de changer leur litière. Si votre chat a l'habitude d'être seul pendant que vous êtes au travail, il sera probablement plus heureux à la maison. Mais si vous vivez à proximité d'une rue très fréquentée ou ne connaissez personne capable de bien s'occuper de votre chat, mettez-le en pension.

Les premiers secours

Des accidents arrivent parfois

Grâce à son corps léger, à sa souplesse et son agilité, le chat réussit à mieux éviter les accidents que le chien. Mais si un jour la chance ne sourit pas à votre chaton, apprenez à réagir de la meilleure manière possible avant de le conduire chez votre vétérinaire.

Les accidents de la voie publique

Transportez délicatement le chat dans un drap pour l'éloigner de la zone dangereuse. Mettez-le au calme et au chaud, en le couchant sur le côté. Recouvrez-le d'une couverture et placez à côté de lui une bouteille d'eau chaude (mais pas trop) emballée dans une serviette. Vérifiez que sa bouche n'est pas encombrée par du sang ou des vomissures, et tirez sa langue vers l'avant. Ôtez-lui son collier. Étanchez tout saignement important avec des compresses ou du coton. Appelez le vétérinaire.

La noyade

Tenez fermement les pattes arrière du chat dans votre main et faites-le tourbillonner à longueur de bras. Même si cela peut sembler brutal, il s'agit en fait du meilleur moyen d'expulser l'eau hors des poumons grâce à la force centrifuge. Appelez le vétérinaire.

Les brûlures

La plupart des brûlures sont causées par un liquide bouillant. Appliquez longuement de l'eau froide ou de la glace sur la zone atteinte, puis recouvrez-la d'un pansement gras ou d'un peu de vaseline.

En été, les chats blancs attrapent parfois des coups de soleil sur les oreilles, et peuvent même finir par développer un cancer de la peau à cet endroit. Soignez ces lésions à l'aide d'une pommade anti-inflammatoire. Évitez de laisser sortir votre chat quand il y a du soleil, ou appliquez d'abord un peu d'écran total sur les pavillons auriculaires.

Les intoxications

Si votre chat présente des vomissements, des convulsions ou un état comateux, il est peut-être empoisonné. Appelez votre vétérinaire, qui choisira le traitement le mieux adapté en fonction de l'origine de l'intoxication. En attendant, lavez le chat si la substance toxique recouvre encore son pelage et risque d'être absorbée par la peau ou par léchage. Utilisez un shampooing pour bébé, puis rincez et séchez soigneusement le chat. Apportez si possible un échantillon de la substance suspecte pour le montrer à votre vétérinaire.

Et surtout, n'oubliez pas...

À faire avant l'arrivée du chaton

Les étapes préliminaires

Si vous n'avez pas encore choisi de chaton, commencez par réfléchir au genre de chat qui vous convient le mieux. Ensuite, préparez tout ce dont le chaton aura besoin pour mener une vie agréable et confortable.

Chat croisé ou de race ?

Si vous n'avez pas l'intention de participer à des expositions ou de faire de l'élevage, sachez qu'un chat croisé (ou chat dit « européen ») se révèle souvent un adorable compagnon, au moins aussi mignon, sinon plus, qu'un coûteux chat de race. La SPA et les refuges proposent à l'adoption des dizaines de chatons plus craquants les uns que les autres.

Lors de votre visite dans l'un de ces admirables établissements, vous ferez aussi la connaissance de chats plus âgés à la recherche d'un nouveau foyer. Ils ont parfois vécu des moments difficiles ou développé de mauvaises habitudes, et risquent d'éprouver plus de difficultés à s'adapter à un nouvel environnement. En revanche, ils sont en général déjà propres et exigent moins de soins qu'un jeune chaton. Même un vieux chat au lourd passé peut s'épanouir à force de patience et d'amour.

Mâle ou femelle ?

Les individus des deux sexes font d'excellents animaux de compagnie, qu'il faudra de toute façon faire stériliser si vous n'envisagez pas de les faire se reproduire (voir pages 80-81).

Un ou deux chatons ?

Si vous êtes absent pendant une grande partie de la journée, adoptez deux chatons qui pourront se tenir compagnie l'un à l'autre. Un chaton laissé seul risque de s'ennuyer et de développer des troubles du comportement (voir pages 124-125).

Un environnement sûr ?

Devez-vous prévoir quelques aménagements avant l'arrivée du chaton ?

- Le jardin est-il suffisamment bien clôturé ?
- Les abords de la pièce d'eau ont-ils été sécurisés ?

- Avez-vous installé une chatière ?
- Avez-vous réfléchi aux éventuelles réactions négatives de vos autres animaux et des enfants à l'arrivée du chaton (voir pages 30-31) ?

De quoi avez-vous besoin ?

Disposez-vous de tout le matériel dont votre chaton aura besoin : caisse de transport, litière et bac à litière, panier, nourriture adaptée, jouets (voir pages 160-161) ?

Prêt pour le grand jour ?

Ne partez chercher votre chaton qu'après avoir bien vérifié que vous avez pensé à tout (voir pages 28-29). Avant de ramener votre chaton à la maison, posez-vous encore les questions suivantes :

- Connaissez-vous les antécédents médicaux du chaton ? A-t-il déjà été vacciné ? Contre quelles maladies ? A-t-il un carnet de santé ?
- Qu'a l'habitude de manger votre chaton ? Pouvez-vous emporter un peu de cette nourriture quand vous irez le chercher ?
- Pouvez-vous faire examiner le chaton par un vétérinaire avant de le ramener à la maison ?
- Un adulte ou un enfant suffisamment âgé peut-il vous accompagner quand vous irez chercher le chaton (voir page 28) ?

À faire une fois le chaton arrivé

Pas de panique

L'arrivée d'un chaton dans la maison génère parfois quelques tensions au sein de la famille. Grâce à quelques mesures simples, vous pouvez rendre ce moment plus agréable tant pour vous que pour le chaton.

Liste des choses à faire

- Laissez votre chaton découvrir son nouvel environnement (voir pages 30-31 et 36-37).
- Gardez votre chaton à l'intérieur de la maison pendant les deux à trois premiers jours (voir pages 30-31).
- Assurez-vous de disposer d'une nourriture spécialement adaptée à votre chat, en plus de demander à l'éleveur de vous laisser une petite quantité de ce à quoi le chaton a été habitué depuis le sevrage.
- Présentez le chaton au reste de votre famille et aux autres animaux domestiques (voir pages 30-33).
- Commencez sans attendre à lui apprendre à être propre (voir pages 94-95).
- Laissez le chaton explorer le jardin dès qu'il

est prêt (voir pages 96-97).

- Commencez sans tarder à lui apprendre son nom (voir pages 98-99).
- Faites identifier votre chaton (voir ci-dessous).

L'identification électronique

Lors de votre visite chez le vétérinaire, faites identifier votre chaton à l'aide d'une puce électronique : vous pourrez ainsi voyager hors du pays en sa compagnie, et le retrouver plus facilement. Les animaux domestiques doivent désormais avoir une puce électronique et un passeport pour pouvoir passer les frontières en toute légalité.

La puce électronique, de la taille d'un grain de riz, est implantée à demeure sous la peau du cou du chat. Le numéro d'identification spécifique qu'elle contient est définitivement attribué à l'animal qui la porte, et peut être lu à l'aide d'un détecteur promené à proximité de son corps. La plupart des vétérinaires, des refuges pour animaux, des forces de police et des douanes possèdent un lecteur de puce de ce genre. Après avoir fait identifier votre chat, vous recevrez un certificat officiel où figure le numéro de la puce, qui atteste également que l'animal a été enregistré dans le fichier national de votre pays de résidence. Votre vétérinaire vous expliquera qui il faut contacter si votre chat se perd.

À faire plus tard

Des plans pour le futur

Au fur et à mesure que votre chaton s'adapte à son nouvel environnement et laisse sa personnalité s'exprimer, vous commencez à tisser des liens de plus en plus forts avec lui. Le succès de votre cohabitation à long terme dépend notamment du bon déroulement des premières semaines.

Les choses à faire

- Pensez à faire vacciner votre chaton contre les maladies virales avant l'âge de 8 à 9 semaines. Un rappel de vaccination suivra 3 à 4 semaines plus tard. Le chat recevra ensuite une injection de rappel annuelle.
- Faites castrer ou stériliser votre chat. Cette opération est généralement réalisée dès l'âge de 6 mois (voir pages 80-81).
- Toilettez régulièrement votre chat (voir pages 46-47).
- Examinez soigneusement votre chat une fois par semaine pour détecter d'éventuels problèmes de santé (voir pages 56-57).
- Habituez votre chat à voyager en voiture (voir pages 42-43).

L'éducation

Planifiez deux à trois séances éducatives quotidiennes. N'enseignez qu'une chose à la fois et attendez que votre chat ait bien compris la leçon avant de passer à la suivante. Par la suite, aidez-le à se souvenir de ce qu'il a appris en répétant régulièrement l'exercice.

- Reste (voir pages 106-107).
- Assis (voir pages 106-107).
- Viens (voir pages 108-109).
- Fais le beau (voir pages 110-111).

Apprenez à votre chat à contrôler ses pulsions (si douloureuses pour vous !) s'il a tendance, une fois confortablement installée sur vos genoux, à se mettre à vous pétrir avec ses pattes (voir pages 68-69).

La maternité

Si, par accident ou avec votre bénédiction, votre minette attend des chatons, sachez que la gestation dure en moyenne 65 jours. Les chatons qui naissent avant le 58ᵉ jour sont souvent mort-nés ou extrêmement faibles, tandis que ceux qui naissent après 71 jours sont plus gros que la moyenne et souvent mort-nés aussi. Demandez conseil à votre

vétérinaire si vous soupçonnez votre chatte d'attendre des petits.

Une fois la gestation confirmée, préparez la nurserie, en installant une grande boîte en bois ou en carton tapissée de serviettes ou de journaux dans un endroit calme. Montrez cet espace réservé à votre minette assez longtemps avant la mise bas. Si elle choisit d'aller donner naissance à ses chatons ailleurs, déménagez la boîte jusqu'à cet emplacement.

Index

A

abri 132
absence 152-153
accidents de la route 178
accueil du chaton 30-31
activités 125
adolescence 78-79
aérosols, répulsifs 127, 128, 147
affection, démonstrations d' 68, 75
âgé, chat 155, 182
agoraphobie 148, 149
alimentation 50-55, 127
American Shorthairs 86
animaux de compagnie 31
anxiété, *voir* Crainte, Stress
appel 79
apprentissage 92-95, 186
  attention 125
  chatière 102-103
  extérieur 96-97
  grattage 121
  griffes 69
  marche en laisse 104-105
  mendicité 110-111
  ordre « assis » 106
  ordre « reste » 106-107
  ordre « viens » 108-109
  propreté 36, 94-95, 116
  renforcement positif 100-101
  visiteurs 141
arbre à chat 161
arrivée au nouveau domicile 26-37
ascaris 172
attention, éducation 125
automutilation 142-143
autres chats, *voir* Cohabitation

B

bagarres 150-155
bains 48-49
battements des paupières (chez le chat) 63
battements des paupières (chez l'homme) 72
Birman 86
boisson 51
boîte de transport 26, 28, 42, 158
bouche 166-167
boules de poils 47, 122, 123
boulimie 130-131, 164
British Shorthairs 86
brûlures 178

C

caprices alimentaires 54-55
certificat de vaccination 59, 171, 177
chaleurs 79, 135
chasse 38, 70, 90
chat âgé 155, 182
chat femelle (chatte) 78-79, 134, 135, 182
chatière 27, 85, 102-103, 160
chat mâle (matou) 64, 78, 81, 84-85, 134, 182
chatons, chats ayant des 80-81
chattes 78-79, 134, 135, 182
chiens 22, 31, 32, 70
chute 17
citronnelle, huile essentielle de 85
clairvoyance 20-21
clicker 100
cohabitation
  bagarres 152-153
  grattage 121
  matériel 159
  matriarcat 70
  nouveau chaton 31
  souillures 114, 119
  toilettage 71, 122
collier 27, 160
comportement 38-39, 64-65, 68-69
  anormal 64
  automutilation 142-143
  bagarres 150-155
  boulimie 130-131
  chats stérilisés 134-135
  crainte 138-139, 148-149
  ennui 124-125
  étrange 136-137
  fugue 132
  grattage 120-121
  habitudes alimentaires 126-127
  indésirable 114-154
  jardin 146-147
  miaulements nocturnes 144-145
  plantes 128-129
  souillures 95, 114, 116-119

toilettage excessif 122-123
xénophobie 140-141
conflit, *voir* Bagarres
contact visuel 63, 72
contention 66-67
contraception 81
contrôle des naissances 81
Cornish 87
corps 12-13
couchage 26-27, 159
coupe-griffes 161
coups de soleil 178
crainte 138-139, 140-141, 148-149
croisements 182
croisés 87
croissance 40-41
cruauté 140
curiosité 35

D

dangers 27, 96
défécation, *voir* Diarrhée, Marquage olfactif, Souillures, Apprentissage de la propreté
déménagement 166-167
dents 12, 56
désinfectant 95
développement 40-41, 91
Devon 87
diarrhée 164
domestication 10

E

eau 51, 52-53
Égypte 10
embuscade 35
empoisonnement 178
enclos
extérieur 149
pour le jeu 27
enfants 30, 67
ennui 124-125
entretien 56-57
équilibre 16
escalade 35
étang 97
étrangers, peur des 140-141
éviter les conflits 32
examen de santé 56-57, 162
examen du chaton à l'arrivée 28
examen général 56-57, 162
excessive, soif 164
excréments 75, 114
Exotic Shorthair 23
expérience 90
extérieur 96-97
exubérance 136-137

F

faim 64
félicitation, apprentissage 106
flehmen 15
friandises 92, 106
frottements 71, 75

G

gale 174
gamelles 27, 159
propreté des 53
gentillesse, apprentissage de la 106
gestation 186-187
gestion des informations 20
goût 15
grattage 74, 120-121
griffes 69
grignotage, *voir* Mâchonnement

H

habitudes 52, 93
alimentaires 126-127
herbe 128
à chat 147
Himalayen 23
Histoire 10-11
huile de vidange, toxicité de l' 48
huile essentielle de citronnelle 85
humains 30, 63, 72
hyperesthésie 136-137
hypersexualité 135

I

indépendance 92, 132
individualité 39
instinct 90
intelligence 20, 22-23
intrus 150

J-K

jalousie 65, 154
jardin 96-97, 146-147
jeunes enfants 30
jeux 35, 91
jouets 27, 124, 127, 161
Korat 87

L

laine, mangeurs de 126
laisse, marche en 104-105
lait 51
langage corporel (chez le chat) 62-63
langage corporel (chez l'homme) 72
leucose 166
lieux de refuge 154
litière, bac à 27, 95, 117, 119, 159

M

mâchonnements 69, 126, 142, 143
Maine Coon 86
maison
  adaptée pour un chaton 182-183
  arrivée à la maison 26-37
  déménagement 19
  présentation aux autres habitants 30-31
  quitter la maison 132
  retrouver le chemin 18-19
  trouver une maison pour les chatons 80
  vacances 177
maladie 54, 162-169
marchés aux puces 182
marquage 114
  urinaire 74-75, 84
matériel 26-27, 120-121, 158-161, 183
  de toilettage 27
matous 64, 78, 81, 84-85, 134, 182
matriarcat 70
médaillon d'identification 27
médecine alternatives 138
médicament, comment administrer un 168-169
mémoire à court terme 20
mendicité 110-111
miaulements nocturnes 144-145
morsures 69, 82
moustaches 13

N

neuf vies 16
nez 14-15, 57
nom 98-99
normal, comportement 38-39
norvégiennes, Chat des forêts 86
nourriture 50-51, 54
nouvelle maison, arrivée dans une 26-37
noyade 178

O

obésité 130
objets d'intérieur 26
odorat 14-15
ordre « assis » 106
ordre « reste » 106-107
ordre « viens ici » 108-109
oreilles 56, 62, 167
organe de Jacobson 15
Oriental Shorthairs 86
orientation, sens de l' 18-19
ouïe 14
oxyures 172

P

parasites 172-175
  externes 174-175
  internes 172-173
patience, apprentissage de la 108
pattes 13
pedigree
  documents 28
  races 28, 182
pelage 57
pensions pour chats 171, 176-177
péritonite 166
Persan 86
pétrissage 68
planches à gratter 27, 120-121, 161
plantes 96, 128-129
  toxiques 96, 129
plateformes de jeu 161
poids, prise de 119, 130
poil court, chats à 46-47, 86-87
poil long, chats à 47, 86, 122
pouls, prise du 162
poux 174
première nuit 36-37
premiers secours 178-179
premiers vaccins 59
préparatifs en vue de la mise-bas 26-27, 182-183, 187
présentations 30-31, 184
promenades 104-105
propreté, apprentissage de la 36, 94-95, 116

protège-griffe 121
protozoaires 172
puce électronique 185
puces 57, 174

Q-R
queue 16, 62, 63
races 10-11, 23, 28, 86-87, 182
radiographie 125
réception du chaton 28, 183
récompenses 30, 92, 100-101
alimentaires 92
réflexion 20
refuges 182
regard (chez l'homme) 63, 72
régime alimentaire 131
remèdes contre l'anxiété 138
renforcement positif 100-101
repas à l'extérieur 55
reproduction 11, 80-81
respiration 164-165
Rex 87
ronronnement 162
Russian Blue

S
sécurité 27
Selkirk 87
sens 14-15
sexe 78-79, 135
shows 11
Siamois 86
signaux 64
d'association 100
odorants 74-75
socialisation, période de 40
soif anormale 164
soin au chat malade 168-169
solitaire, chasseur 70
sommeil 36-37, 39
souillures 95, 114, 116-119
Sphynx 23, 87
statut social 71
stérilisation 80-81, 82, 182, 186
stérilisés, chats 134-135
stress 114, 118, 122, 126, 131, 143
surveillance 38-39

T
teigne 175
télépathie 21
ténia 172
territoire 74-75, 114, 150-151
timidité, *voir* Crainte
tiques 174
toilettage 46-47, 71, 86, 122-123, 161
excessif 122-123
mutuel 71
toucher 15, 63
tours 93
toxiques, produits 48, 97, 179
trajets 18-19
transpiration (humains) 72
trichures 172

U
urine 64, 74-75, 84, 114, *voir aussi* Souillures, Propreté

V
vacances 105, 176-177
vaccination 59, 170-171, 186
valériane 147
variété, nourriture variée 54
vers 172
vétérinaire
accidents 178, 179
automutilation 143
identification électronique 185
maladie 164, 165, 167
nouveau chaton 28
produits toxiques 48
souillures 118
toilettage excessif 122
vaccins 59, 171
visite chez le 58-59
vie, espérance de 16
visiteurs 140
vocalisations 62
voisinage, chats du 84-85, 132, 150
voisins 55, 85, 151, 177
voiture 42-43
voix 62, 144
vomissements 164
voyages 42-43
vue 14

X-Y
xénophobie 140-141
yeux 12-13, 14, 57, 63, 167

Remerciements

Mes plus chaleureux remerciements vont à Trevor Davies, Kerenza Swift, Charles Hallam et à toute l'équipe éditoriale de Hamlyn.
Sans oublier mes cinq chats Birmans, qui m'ont tenu compagnie durant toute la rédaction de cet ouvrage, allongés sur le bureau près de l'ordinateur ou sur mes genoux.

Crédits photographiques

Toutes les photographies © Octopus Publishing Group/Keith Colin, sauf pour les mentions suivantes : **Alamy** 52 ; Christian Heinrich 69 ; Helene Rogers 33 ; Isobel Flynn 7, 122 ; Juniors Bildarchiv 17 ; Picture Partners 42 ; Ray Humphrey 129 ; tbkmedia.de 14, 133 ; Tetra Images 34, 163 ; **Animal Photography** Sally Anne Thompson 146 ; **Ardea** Jean-Michel Labat 121 ; John Daniels 35, 71, 116 ; Rolf Kopfle 134 ; **Corbis** Pat Doyle 115 ; **DK Images** Jane Burton 143 ; **Fotolia** bpablo 98 ; diefotomacher 166 ; Eric Isselee 123 ; indeepdark 96 ; Julijah 137 ; maja 31 ; Maja 55 ; Oliynik Pavlo 152 ; shocky 149 ; Simone van den Berg 125 ; Skv7774 2 ; wojciechhajduk 58 ; **Getty Images** 156 ; Dorling Kindersley 94 ; GK Hart/Vikki Hart 185 ; Jane Burton 175 ; **iStockphoto.com** ImagesbyTrista 80 ; jorgeantonio 37 ; photoshopped 39 ; ajsn 50 ; Casarsa 28 ; EEI_Tony 36, 90, 150 ; Gaussian_Blur 74 ; ingret 38 ; jkitan 13 ; PerlAlexander 23 ; Photoshopped 26, 126 ; piemash 130 ; rafal rzdeb 145 ; spxChrome 92 ; suemack 176 ; SVM 135 ; **Masterfile** 136, 138, 173, 183 ; **Nature Picture Library** Aflo 144 ; Jane Burton 103 ; **Octopus Publishing Group Limited** 86, 87 ; Jane Burton 30, 40, 43, 56, 59, 66, 66, 95, 102, 105, 131, 151, 153, 158, 159, 160, 161, 169, 172, 184 ; **Petsafe** Staywell by petsafe 84 ; **RSPCA Photolibrary** 117 ; **Shutterstock** Antonio Jorge Nunes 141 ; david vadala 171 ; Efanov Aleksey Anatolievich 16 ; Eric Isselee 12, 148 ; graham s. klotz 77 ; Gregor Kervina 19 ; ingret 24 ; Lars Christensen 4, 88, 99 ; Lein de Leon Yong 120 ; Magdalena Bujak 68 ; Mario Savoia 147 ; Nikolay Titov 119 ; Pavel Sazonov 15, 73, 78 ; Ronen 21 ; Stephen Orsillo 85 ; Tatiana Lebedeva 81 ; Tony Campbell 6, 8, 18, 62, 63, 112, 124, 139, 142 ; Utekhina Anna 65, 75 ; **Warren Photographic** Jane Burton 1, 10, 51, 60, 64, 76, 82, 91, 127, 154, 165, 187 ; **Stock.XCHNG** Karolina Przybysz 140 ; Mikkel Toke Gronkjaer 97.

Responsable éditorial Trevor Davies
Édition Kerenza Swift
Direction artistique Penny Stock
Maquette Janis Utton/Nicola Liddiard
Fabrication David Hearn
Assistante iconographe Ciaran O'Reilly